大家小书

中国近代史

蒋廷黻 著

北京出版集团公司
北京出版社

图书在版编目（CIP）数据

中国近代史 / 蒋廷黻著 . — 北京 ：北京出版社，2016. 7

（大家小书）

ISBN 978-7-200-12105-6

Ⅰ. ①中… Ⅱ. ①蒋… Ⅲ. ①中国历史—近代史 Ⅳ. ①K25

中国版本图书馆CIP数据核字（2016）第077158号

总策划：安　东　高立志　　责任编辑：高立志　邓雪梅

· 大家小书 ·

中国近代史

ZHONGGUO JINDAI SHI

蒋廷黻　著

*

北 京 出 版 集 团 公 司
北　京　出　版　社　出版

（北京北三环中路6号　邮政编码：100120）

网　址：www.bph.com.cn

北京出版集团公司总发行

新华书店经销

北京华联印刷有限公司印刷

*

880毫米×1230毫米　32开本　7.375印张　120千字

2016年7月第1版　2018年5月第3次印刷

ISBN 978-7-200-12105-6

定价：36.00元

质量监督电话：010-58572393

序　　言

袁行霈

“大家小书”，是一个很俏皮的名称。此所谓“大家”，包括两方面的含义：一、书的作者是大家；二、书是写给大家看的，是大家的读物。所谓“小书”者，只是就其篇幅而言，篇幅显得小一些罢了。若论学术性则不但不轻，有些倒是相当重。其实，篇幅大小也是相对的，一部书十万字，在今天的印刷条件下，似乎算小书，若在老子、孔子的时代，又何尝就小呢？

编辑这套丛书，有一个用意就是节省读者的时间，让读者在较短的时间内获得较多的知识。在信息爆炸的时代，人们要学的东西太多了。补习，遂成为经常的需要。如果不善于补习，东抓一把，西抓一把，今天补这，明天补那，效果未必很好。如果把读书当成吃补药，还会失去读书时应有的那份从容和快乐。这套丛书每本的篇幅都小，读者即使细细地阅读慢慢地体味，也花不了多少时间，可以充分享受读书的乐趣。如果把它们当成补药来吃也行，剂量小，吃起来方便，消化起来也容易。

我们还有一个用意，就是想做一点文化积累的工作。把那些经过时间考验的、读者认同的著作，搜集到一起印刷出版，使之不至于泯没。有些书曾经畅销一时，但现在已经不容易得到；有些书当时或许没有引起很多人注意，但时间证明它们价值不菲。这两类书都需要挖掘出来，让它们重现光芒。科技类的图书偏重实用，一过时就不会有太多读者了，除了研究科技史的人还要用到之外。人文科学则不然，有许多书是常读常新的。然而，这套丛书也不都是旧书的重版，我们也想请一些著名的学者新写一些学术性和普及性兼备的小书，以满足读者日益增长的需求。

“大家小书”的开本不大，读者可以揣进衣兜里，随时随地掏出来读上几页。在路边等人的时候，在排队买戏票的时候，在车上、在公园里，都可以读。这样的读者多了，会为社会增添一些文化的色彩和学习的气氛，岂不是一件好事吗?

“大家小书”出版在即，出版社同志命我撰序说明原委。既然这套丛书标示书之小，序言当然也应以短小为宜。该说的都说了，就此搁笔吧。

蒋廷黻眼中的中国近代史

马　勇

正像许多研究者所意识到的那样，近代中国的所有问题都是因为中西交通而引起，假如没有西方人东来，没有鸦片贸易，就不会有鸦片战争，不会有后来的变化，中国还会在原来的轨道上稳步发展，中国人还会享有日出而作日落而息令西方人羡慕的田园生活，恬静优雅。然而，都是因为西方人的东来，中国的一切都发生了改变。

对于近代中国的改变究竟应该怎样看，这种改变对于中国来说究竟是好还是坏？一百多年来，史学家存在各种各样的议论，相当一部分人认为西方人的东来就是殖民就是侵略，就是对中国的伤害。

然而也有一部分史学家不这样认为，他们从世界史、全球史的视角，从人民本位的立场上提出了截然不同甚至根本相反的看法，建构了一个完全不同的解释体系叙事框架。其中最著名的开山者莫过于蒋廷黻。

蒋廷黻生于1895年，那一年为甲午战争后第一年，也是《马关条约》签署的年份。蒋廷黻出生于湖南邵阳一个农民家庭，家境并不太坏，因而小时候有条件接受了几年私塾教育，打下了一些旧学的根底。

10岁的时候，蒋廷黻离开家乡前往长沙接受新式教育，入明德小学。稍后又转入美国基督教长老会在长沙创办的益智学堂，开始接受比较西方化的近代科学教育。

1911年，也就是辛亥革命那一年，蒋廷黻接受美国教会的资助，前往美国留学，先后就读于派克学院、澳柏林学院和哥伦比亚大学研究院，主修历史，也兼及自然科学和社会科学一般课程。

当蒋廷黻在美国留学的时候，正值中国政治急剧变动的年代，对于故国的每一个政治变动，人文科学出身的青年学子蒋廷黻都格外关注，也试图从历史上去说明这些变动背后的深层原因，希望将来有一天学成归国能够有机会从事现实政治，创造历史。

所以他在大量阅读中外历史著作的同时，格外重视德国和意大利的历史，对于这两个国家的杰出政治家俾斯麦、加富尔、马志尼等人的政治经历和政治思想也高度重视，他真诚期待中国能够出现这样的政治家，能够有力地带领中国走出中世纪，建设一个富强、文明、民主的新国家。

在美国读书的十几年，国际形势也在急剧变化着。

蒋廷黻经历了最完整的第一次世界大战过程。战争爆发后，蒋廷黻坚定地站在协约国方面，相信国际正义一定能够战胜国际邪恶，相信中国如果能够很好把握住这个历史机遇，就一定会改变先前在国际社会中的地位，坦然步入世界民族之林。

如果就学术流派传承而言，蒋廷黻在美国的导师是卡尔顿·海斯教授。海斯是当时著名的政治社会史专家，是新史学开山祖师詹姆斯·鲁滨逊的弟子。鲁滨逊在哥伦比亚大学执教数十年，培养了一大批弟子，这个学术流派以实证主义哲学为思想基础，格外强调历史学的社会功能和实际应用价值。

他们对旧史学给予严厉批评，以为旧史学只是一种狭义的政治史叙事，缺少对与政治相关的经济、地理、文化诸要素的综合分析，缺少与其他相关学科的综合研究。新史学之新就在于综合，在于以达尔文的社会进化论观点去分析综合复杂的历史现象。新史学公开宣称历史学的目的并不在于记录历史，而在于参与历史的创造，在于通过历史了解过去、服务现在，预知未来。凡此，都对蒋廷黻史学思想的形成发生重大影响。

十多年的留学生涯仿佛一晃就过。1923年，28岁的蒋廷黻获得了博士学位，他的博士论文题目是《劳工与帝国：关于英国工党特别是工党国会议员对于1880年以后英国帝国主义的反应的研究》。

年轻的蒋博士双喜临门，那一年除了获得博士学位外，还与在美留学的留学生唐玉瑞结了婚。新婚不久，蒋廷黻携新娘漂洋过海返回祖国，迅即出任南开大学历史学教授。

在南开任教之余，蒋廷黻继续他在哥大已经开始的中国近代外交史研究，而且利用便捷的条件，将研究重心放在中国文献的收集鉴别和整理上，以期由此填补外国学者的天生缺陷。这项研究不仅填补了中国史的空白，而且为中国史学进步提供了一些新的方法或范式。

南开六年，蒋廷黻在中国史学界崭露头角。1929年秋季开学，蒋廷黻应罗家伦校长的聘请，出任清华大学历史系主任。这是蒋廷黻事业的真正开始，他参照美国的大学制度对历史系进行全面改造，不仅注重课程设置，而且注意人才引进，很快配置了当时国内大学历史系顶级阵容，主讲中国通史和古代史的是雷海宗，主讲隋唐史的是陈寅恪，主讲蒙元史的是姚从吾、邵循正，主讲明史的是吴晗，主讲清史的是萧一山，而蒋廷黻自己则主讲中国近代史和外交史。

主持清华历史系为蒋廷黻提供了一个良好的工作平台，在这个平台上，他个人的研究也有很大推进。他继续在南开时已经开始的工作，继续搜集并逐步扩大近代史、近代外交史领域的资料，完成《近代中国外交史资料辑要》两卷，上卷从1822年开始至1861年，中卷自1861年至1895年。两卷共辑录重要外交文献近千篇，是到那时为止最全选材、最精良篇幅，也最大的中国近代外交史料汇编。

蒋廷黻的学术目标当然不是编辑一套外交史料，而是自己的研究，他在搜集这些资料的同时，也相继写作发表了一批有关中国近代史、外交史的论文，特别是有关鸦片战争的研究，那不仅是中国近代史的开端，也是中国真正与外国发生外交关系的开始。

在1931年发表的《琦善与鸦片战争》一文中，蒋廷黻根据大量无可争辩的史料颠覆了林则徐的英雄形象，再现了琦善在鸦片战争中的作为和意义。蒋廷黻指出，琦善受命前往广东后并没有撤防，在军事准备方面无可称赞，好像也应该无可指责。至于在外交方面，琦善的做法不仅毫无过错，而且实在是超越时代超越那时所有人，因为他审时度势看清了中英两国的强与弱，权衡了利害轻重而作出一个高度理性的选择。

但是，蒋廷黻认为，琦善的理性选择使他个人蒙羞，成为国人痛恨的不抵抗范本或卖国贼，然而实在说来，琦善的这个理性举动又使中国错过了至少二十年的进步机会，因为按照林则徐的部署和预案，那么中英之间必大战，战则必败，败则中国必速和，速和不仅可使中国的损失大幅减少，而且可以使中国的维新提前至少二十年。

至于林则徐个人，那么也必然因大战大败而身败名裂，所以蒋廷黻推论，清廷罢免了林则徐，实在是最大限度地成全了林则徐一世英名，是林则徐的终身大幸事，但对于中国的国运来说，林则徐的去职实在是大不幸，人为拖延了中国政治进步，阻碍了中国走上世界的路。

蒋廷黻的观点今天看来并不算什么，历史悖论几乎从来如此，但这篇文章在当年犹如一石激起千层浪，引发了知识界对抵抗、妥协究竟孰利孰弊的争论。联想到1931年中国政治、中国外交的现实背景，蒋廷黻的这些看法更容易在知识界引起巨大回响。

外交史的研究特别是研究成果在现实政治中获得的巨大回响激发了蒋廷黻浓厚的研究兴致，使他觉得有必要运用一种全新视角和观点回望近代以来的中国历史，他发誓用十年工夫去写作一部《中国近代史》，然而由于时局急剧变化，他的这个理想很快被中日战争所打乱。

随后几年，蒋廷黻被政府征调从政，先后担任行政院政务处长、驻苏联大使等，这个计划就被一拖再拖，甚至有泡汤的危险。1938年春，蒋廷黻结束了驻苏大使两年任期，在那还没有新的任职安排空当中，写作一部《中国近代史》的念头又急剧萌生。

蒋廷黻那时住在汉口，身边并没有多少图书，但是他的写作念头越来越强烈，所以他决定即便没有参考文献，他也要以自己这些年对中国近代史的观感作一个简略的初步报告。这就是我们现在所看到的这部《中国近代史》的来历。

经过大约两个月的时间，蒋廷黻的这部《中国近代史》就大致完成了，很快交给陶希圣、吴景超、陈之迈等人主持的艺文研究会，作为《艺文丛书》的一种在同年出版。

在这部篇幅不大的《中国近代史》中，蒋廷黻为我们大致描绘了近代中国的一个基本走向，他认为，近代中国不管面对多少困难与问题，但走向世界，不断拉近中国与世界之间的差距，始终是近代中国的主题。

蒋廷黻指出，中国在过去或许确实有着自己漫长的历史传统，但是到了近代，中国错过了工业革命、错过了启蒙运动，中国不是近代世界规则的制定者，只是世界一体化过程中的迟到者，因而中国在发展过程中不是要挑战世界已有规则，更不能对这些规则采取非理性主义的冲撞或鲁莽颟顸式的摧毁，而是应该引导国民尽快接受、尽快适应这些国际规则，尽快让中国和世界一样，和其他民族国家一起发展、一起进步。

蒋廷黻《中国近代史》篇幅不大，但由于观点鲜明、立论平实、论证严密、逻辑清晰，因而在1949年前的中国近代史学界受到普遍重视，是那时大学历史系使用最广的教材，即便今天读来，依然觉得有一股清风扑面的感觉，有大梦初醒般的震动。蒋廷黻和他的《中国近代史》在1949年之后很长一段时间不被提及，但在过去三十年，这本书再度成为近代史的一本重要入门书，有数不清的版本，最好找。

沿着近代中国所走过的道路，蒋廷黻在这部《中国近代史》中用四章分别描述了近代中国救亡图强的四个选择，重构了近代中国历史画卷。

在第一章“剿夷与抚夷”中，作者分七个篇幅讲述了中国自古以来的贸易制度，分析中国没有在工业革命、大航路发现后，跟上世界步伐的根本原因。作者认为，中国那时不感觉有联络外邦的必要，并且外夷岂不是蛮夷之邦，不知廉耻礼仪，与他们往来有什么好处呢？外夷贪利而来，天朝施恩给他们，许他们在广州一口有序有限经商做买卖，这已经很给他们面子了。假如他们还不安分，那么天朝就要剿夷了。

那时的中国以天朝上国自居，不知道有外交，不知道近代国家关系，只知道剿夷与抚夷。于是，中国错过了马戛尔尼来华重构近代国家关系的机会，由此引发鸦片贸易，又因鸦片引发战争，中国由此又白白错过了二十年发展机遇。直到第二次被打败，然后才有人认识到时代不同而思改革。

蒋廷黻认为，中国在道光、咸丰年间遭遇西方人的攻击是不可避免的，因为我们无法阻止西洋科学和技术势力东来。不过，中国很可以在这个被打的过程中转祸为福，只要中国人大胆地接受西洋近代文化，以我们的人力物力，倘若接受了科学机械和民族精神，我们可以与别国并驾齐驱，在国际生活中取得极光荣的地位。可是那个时代的中国人没有这样想这样做，这除了认识见解外，蒋廷黻认为可能还与那时中国政治上的全面腐败有关联。

所以在第二章，蒋廷黻以“洪秀全与曾国藩”为题讲内忧内患，批评洪秀全的真实心志不在建设新国家或新社会，而在建设新王朝。这样的领袖不但不能复兴民族，而且不能成为部下的团结中心。所以遇到曾国藩的湘军，洪秀全所领导的宗教革命及种族革命也就烟消云散了。至于曾国藩究竟为什么能够取胜，蒋廷黻认为其在维护清廷继续作为政治中心的同时，不忘政治革新，一方面劝说朝廷接受西洋近代新文化新思想，另一方面不忘恢复中国固有的政治信念和伦理观念。

在曾国藩领导湘军与洪秀全太平军交战的时候，中国又遇到了一次与英法联军的对峙，依然无法战而胜之，只好受尽屈辱后开始一个新的历程，向西方学习。所以蒋廷黻在《中国近代史》第三章专讲“自强及其失败”，实际上就是描绘从1860年开始的三十年洋务新政的全景。

蒋廷黻指出，恭亲王、曾国藩，特别是李鸿章等人非常不容易，他们认为中国到了19世纪只有学西洋的科学机械然后能生存，也看到了中国与日本在未来究竟孰强孰弱，就看哪个国家变得快。他们明白日本明治维新的意义，大声疾呼中国人要加大改革，要从改革教育制度，要从培养人才方面入手，然而到了最后，洋务新政很难说成功，他们创造了许多新的事业，但到了最后，他们所创造的还是半新半旧不中用。

换句话说，中国到了近代要图存非全盘接受西洋文化不可，曾国藩诸人虽向近代化方面走了好几步，但是他们不彻底，仍不能救国救民族。曾国藩、李鸿章等人是那个时代难得的清醒者，他们推动了中国社会发展、经济增长，他们尽最大限度避免与外国人冲突。然而整个士大夫阶层似乎并不这样想，他们根本不了解时代的危险及国际关系的运用。

他们只知道破坏李鸿章等人所提倡的洋务新政，同时他们又好多事，总是挑逗与外国的关系，倘若政府听了他们的话，那么中国几无年无日不与外国打仗。闹到最后，还是爆发了1894年的甲午战争。中国三十年的增长就像一个巨大的泡沫一样，在一夜之间被戳破。

甲午战争后，中国面临新的选择，蒋廷黻在《中国近代史》第四章即最后一章“瓜分及民族之复兴”中，用六节篇幅讲述1895年之后至1930年初期的中国政治史。在这一章，蒋廷黻从甲午战争后列强瓜分狂潮说起，说了俄国人对中国的野心及李鸿章的轻信，说了戊戌变法，说了义和团、晚清新政和辛亥革命，还对民初的政治史、袁世凯之后的政治发展有所叙述。

只是由于这一段与蒋廷黻当年的政治现实关联太紧，因而他在这一章中的许多叙事其实带有浓厚的意识形态偏见，放弃了或者说偏离了先前客观中立的科学立场，将维新运动、义和团运动等都视作孙中山展开革命活动的准备和阶梯，以为孙中山的三民主义方才是中华民族重建复兴的唯一路径，这显然不是一种科学语言。

任何一本学术著作都不可能尽善尽美，蒋廷黻的《中国近代史》也同样存在这样那样的缺点。不过就总体而言，学术史的研究表明，这部小书依然为中国近代史研究建构了一个分析框架和话语系统，是近代史科学化研究的开山之作，在不经意间将近代史学科带入一个新的境界。

另，作为名副其实的“大家小书”，该著已经经典化，所以这个版本尽可能原貌呈现，不做规范化统一。为了读者全面理解蒋廷黻的近代史思想，该书另附录了他相关的七篇文章，希望它能够成为蒋廷黻《中国近代史》的一个更为完备的版本。

目　录

小序

这本《中国近代史大纲》是民国二十七年（1938年）五、六两月起草的。那时我已辞去驻苏大使的任务，还未恢复行政院政务处的职掌，在汉口有几个月的安逸，于是趁机写这本小书。

我在清华教学的时候，原想费十年功夫写部近代史。抗战以后，这种计划实现的可能似乎一天少一天。我在汉口的那几个月，身边图书虽少，但是我想不如趁机把我对我国近代史的观感作一个简略的初步报告。这是这书的性质，望读者只把它作个初步报告看待。

总论

中华民族到了十九世纪就到了一个特殊时期。在此以前，华族虽已与外族久已有了关系，但是那些外族都是文化较低的民族。纵使他们入主中原，他们不过利用华族一时的内乱而把政权暂时夺过去。到了十九世纪，这个局势就大不同了，因为在这个时候到东亚来的英、美、法诸国绝非匈奴、鲜卑、蒙古、倭寇、满人可比。原来人类的发展可分两个世界，一个是东方的亚洲，一个是西方的欧美。两个虽然在十九世纪以前曾有过关系，但是那种关系是时有时无的，而且是可有可无的。在东方这个世界里，中国是领袖，是老大哥，我们以大哥自居，他国连日本在内，也承认我们的优越地位。到了十九世纪，来和我们打麻烦的不是我们东方世界里的小弟们，是那个素不相识而且文化根本互异的西方世界。

嘉庆道光年间的中国人当然不认识那个西方世界。直到现在，我们还不敢说我们完全了解西洋的文明。不过有几点我们是可以断定的。第一，中华民族的本质可以与世界上最优秀的民族比。中国人的聪明不在任何别的民族之下。第二，中国的物产虽不及俄、美两国的完备，然总在一般国家水平线之上。第三，我国秦始皇的废封建为郡县及汉唐两朝的伟大帝国足证我民族是有政治天才的。是故论人论地，中国本可大有作为。然而到了十九世纪，我民族何以遇着空前的难关呢？第一是因为我们的科学不及人。人与人的竞争，民族与民族的竞争，最足以决胜负的，莫过于知识的高低。科学的知识与非科学的知识比赛，好像汽车与洋车的比赛。在嘉庆道光年间，西洋的科学基础已经打好了，而我们的祖先还在那里作八股文，讲阴阳五行。第二，西洋已于十八世纪中年起始用机械生财打仗，而我们的工业、农业、运输、军事，仍保存唐宋以来的模样。第三，西洋在中古的政治局面很像中国的春秋时代，文艺复兴以后的局面很像我们的战国时代。在列强争雄的生活中，西洋人养成了热烈的爱国心，深刻的民族观念；我们则死守着家族观念和家乡观念。所以在十九世纪初年，西洋的国家虽小，然团结有如铁石之固；我们的国家虽大，然如一盘散沙，毫无力量。总而言之，到了十九世纪西方的世界已经具备了所谓近代文化。而东方的世界则仍滞留于中古，我们是落伍了！

近百年的中华民族根本只有一个问题，那就是：中国人能近代化吗？能赶上西洋人吗？能利用科学和机械吗？能废除我们家族和家乡观念而组织一个近代的民族国家吗？能的话我们民族的前途是光明的；不能的话，我们这个民族是没有前途的。因为在世界上，一切的国家能接受近代文化者必致富强，不能者必遭惨败，毫无例外。并且接受得愈早愈速就愈好。日本就是一个好例子。日本的原有土地不过中国的一省，原有的文化几乎全是隋唐以来自中国学去的。近四十余年以来，日本居然能在国际上作一个头等的国家，就是因为日本接受近代文化很快。我们也可以把俄国作个例子。俄国在十五世纪、十六世纪、十七世纪也是个落伍的国家，所以那时在西洋的大舞台上，几乎没有俄国的地位；可是在十七世纪末年，正当我们的康熙年间，俄国幸而出了一个大彼得，他以专制皇帝的至尊，变名改姓，微服到西欧去学造船，学炼钢。后来他又请了许多西欧的技术家到俄国去，帮助他维新。那时许多的俄国人反对他，尤其是首都莫司哥（即莫斯科，下同）的国粹党。他不顾一切，奋斗到底，甚至迁都到一个偏僻的，但是滨海的尼瓦河（即涅瓦河，下同）旁，因为他想靠海就容易与近代文化发源地的西欧往来。俄国的近代化基础是大彼得立的，他是俄罗斯民族大英雄之一，所以今日的斯塔林（即斯大林，下同）还推崇他。

土耳其的命运也足以表示近代文化左右国家富强力量之大。在十九世纪初年，土耳其帝国的土地跨欧、亚、非三洲，土耳其人也是英勇善战的。却是在十九世纪百年之内，别国的科学、机械和民族主义有一日千里的长进，土耳其则只知保守，因此土耳其遂受了欧洲列强的宰割。到了一八七八年以后，土耳其也有少数青年觉悟了非维新不可，但是他们遇着极大的阻力：第一，土耳其的国王，如我国的清朝一样，并无改革的诚意。第二，因为官场的腐败，创造新事业的经费都被官僚侵吞了，浪费了。国家没有受到新事业的益处，人民已加了许多的苛捐杂税，似乎国家愈改革就愈弱愈穷。关于这一点，土耳其的近代史也很像中国的近代史。第三，社会的守旧势力太大，以致有一个人提倡维新，就有十个人反对。总而言之，土耳其在十九世纪末年的维新是三心二意的，不彻底的，无整个计划的，其结果是在上次世界大战中的惨败，国家几至于灭亡。土耳其人经过那次大国难以后一致团结起来，拥护民族领袖基马尔，于是始得复兴。基马尔一心一意为国家服务，不知有他。他认识了时代的潮流，知道要救国非彻底接受近代的文化不可。他不但提倡科学、工业，他甚至改革了土耳其的文字，因为土耳其的旧文字太难，儿童费在文字上的时间和脑力太多，能费在实学上的必致减少。现在土耳其立国的基础算打稳了。

日本、俄国、土耳其的近代史大致是前面说的那个样子。这三国接受了近代的科学、机械及民族主义，于是复兴了，富强了。现在我们要研究我们的近代史。我们要注意帝国主义如何压迫我们。我们要仔细研究每一个时期内的抵抗方案。我们尤其要分析每一个方案成败的程度和原因。我们如果能找出我国近代史的教训，我们对于抗战建国就更能有所贡献了。

第一章　剿夷与抚夷

第一节　英国请中国订立邦交

在十九世纪以前，中西没有邦交。西洋没有派遣驻华的使节，我们也没有派大使公使到外国去。此中的原故是很复杂的。第一，中西相隔很远，交通也不方便。西洋到中国来的船只都是帆船。那时没有苏彝士运河（即苏伊士运河），中西的交通须绕非洲顶南的好望角，从伦敦到广州顶快需三个月。因此商业也不大。西洋人从中国买的货物不外丝茶及别的奢侈品。我们的经济是自足自给的，用不着任何西洋的出品。所以那时我们的国际贸易总有很大的出超。在这种情形之下，邦交原来可以不必有的。

还有一个原故，那就是中国不承认别国的平等，西洋人到中国来的，我们总把他们当作琉球人、高丽人看待。他们不来，我们不勉强他们。他们如来，必尊中国为上国而以藩属自居。这个体统问题，仪式问题就成为邦交的大阻碍，“天朝”是绝不肯通融的，中国那时不感觉有联络外邦的必要，并且外夷岂不是蛮貊之邦，不知礼义廉耻，与他们往来有什么好处呢？他们贪利而来，天朝施恩给他们，许他们作买卖，藉以羁縻与抚绥而已。假若他们不安分守己，天朝就要“剿夷”。那时中国不知道有外交，只知道“剿夷与抚夷”。政治家分派别，不过是因为有些主张剿，有些主张抚。

那时的通商制度也特别。西洋的商人都限于广州一口。在明末清初的时候，西洋人曾到过漳州、泉州、福州、厦门、宁波、定海各处。后来一则因为事实的不方便，二则因为清廷法令的禁止，就成立了所谓一口通商制度。在广州，外人也是不自由的，夏秋两季是买卖季，他们可以住在广州的十三行，买卖完了，他们必须到澳门去过冬。十三行是中国政府指定的十三家可以与外国人作买卖的。十三行的行总是十三行的领袖，也是政府的交涉员。所有广州官吏的命令都由行总传给外商；外商上给官吏的呈文也由行总转递。外商到广州照法令不能坐轿，事实上官吏很通融。他们在十三行住的时候，照法令不能随便出游，逢八（那就是初八，十八，二十八）可以由通事领导到河南的“花地”去游一次。他们不能带军器进广州。“夷妇”也不许进去，以防“盘踞之渐”。顶奇怪的禁令是外人不得买中国书，不得学中文。第一个耶稣教传教士马礼逊博士的中文教师，每次去授课的时候，身旁必须随带一只鞋子和一瓶毒药，鞋子表示他是去买鞋子的，不是去教书的，毒药是预备万一官府查出，可以自尽。

那时中国的海关是自主的，朝廷所定的海关税则原来很轻，平均不过百分之四，清政府并不看重那笔海关收入，但是官吏所加的陋规极其繁重，大概连正税要收货价百分之二十。中国法令规定税则应该公开；事实上，官吏绝守秘密，以便随意上下其手。外人每次纳税都经过一种讲价式的交涉，因此很不耐烦。

中国那时对于法权并不看重。在中国境内外国人与外国人的民刑案件，我国官吏不愿过问，那就是说，自动的放弃境内的法权。譬如，乾隆十九年，一个法国人在广州杀了一个英国人，广州的府县最初劝他们自己调解。后因英国坚决要求，官厅始理问。中国与外国人的民事案件总是由双方设法和解，因为双方都怕打官司之苦。倘若中国人杀了外国人，官厅绝不偏袒，总是杀人者抵死，所以外人很满意。只有外国人杀中国人的案子麻烦，中国要求外人交凶抵死，在十八世纪中叶以前，外人遵命者多，以后则拒绝交凶，拒绝接收中国官厅的审理，因为他们觉得中国刑罚太重，审判手续太不高明。

外人最初对于我们的通商制度虽不满意，然而觉得既是中国的定章，只好容忍。到了十八世纪末年（乾隆末年，嘉庆初年）外人的态度就慢慢的变了。这时中国的海外贸易大部分在英国的东印度公司手里。在广州的外人之中，英国已占领了领袖地位。英国此时的工业革命已经起始，昔日的手工业都慢慢的变为机械制造。海外市场在英国的国计民生上一天比一天紧要，中国对通商的限制，英国认为最不利于英国的商业发展。同时英国在印度已战胜了法国，印度半岛全入了英国的掌握。以后再往亚东发展也就更容易了，因为有了印度作发展的根据地。

当时欧洲人把乾隆皇帝作为一个模范的开明君主看。英国人以为在华通商所遇着的困难都是广州地方官吏作出来的。倘若有法能使乾隆知道，他必愿意改革。一七九二年（乾隆五十七年）正是乾隆帝满八十岁的一年，如果英国趁机派使来贺寿，那就能得着一个交涉和促进中英友谊的机会。广州官吏知道乾隆的虚荣心，竭力怂恿英国派使祝寿。于是英国乃派马戛尔尼侯（Lord Macartney）为全权特使来华。

马戛尔尼使节的预备是很费苦心的。特使乘坐头等兵船，并带卫队。送乾隆的礼物都是英国上等的出品。用意不外要中国知道英国是个富强而且文明的国家。英政府给马戛尔尼的训令要他竭力迁就中国的礼俗，惟必须表示中英的平等。交涉的目的有好几个：第一，英国愿派全权大使常驻北京，如中国愿派大使到伦敦去，英廷必以最优之礼款待之。第二，英国希望中国加开通商口岸。第三，英国希望中国有固定的，公开的海关税则。第四，英国希望中国给她一个小岛，可以供英国商人居住及贮货，如同葡萄牙人在澳门一样。在乾隆帝方面，他也十分高兴迎接英国的特使，但是乾隆把他当作一个藩属的贡使看待，要他行跪拜礼。马戛尔尼最初不答应，后来有条件的答应。他的条件是：将来中国派使到伦敦去的时候，也必须向英王行跪拜礼；或是中国派员向他所带来的英王的画像行跪拜答礼。他的目的不外要表示中英的平等。中国不接受他的条件，也就拒绝行跪拜礼。乾隆帝很不快乐，接见以后，就要他离京回国。至于马戛尔尼所提出的要求，中国都拒绝了。那次英国和平的交涉要算完全失败了。

十八世纪末年和十九世纪初年，欧洲正闹法兰西革命和拿破仑战争，英国无暇顾及远东商业的发展。等到战事完了，英国遂派第二次的使节来华，其目的大致与第一次同。但是嘉庆给英使的待遇远不及乾隆，所以英使不但外交失败，并且私人对我的感情也不好。

英国有了这两次的失败，知道和平交涉的路走不通。

中西的关系是特别的。在鸦片战争以前，我们不肯给外国平等待遇；在以后，他们不肯给我们平等待遇。

到了十九世纪，我们只能在国际生活中找出路，但是嘉庆、道光、咸丰年间的中国人，不分汉满，仍图闭关自守，要维持历代在东方世界的光荣地位，根本否认那个日益强盛的西方世界。我们倘若大胆的踏进大世界的生活，我们需要高度的改革，不然，我们就不能与列强竞争。但是我们有与外人并驾齐驱的人力物力，只要我们有此决心，我们可以在十九世纪的大世界上得着更光荣的地位。我们研究我民族的近代史必须了解近代的邦交是我们的大困难，也是我们的大机会。

第二节　英国人作鸦片买卖

在十九世纪以前，外国没有什么大宗货物是中国人要买的，外国商船带到中国来的东西只有少数是货物，大多数是现银。那时经济学者，不分中外，都以为金银的输出是于国家有害的。各国都在那里想法子加增货物的出口和金银的进口。在中国的外商，经过多年的试验，发现鸦片是种上等的商品。于是英国东印度公司在印度乃奖励种植，统制运销。乾隆初年，鸦片输入每年约四百箱，每箱约百斤。乾隆禁止内地商人贩卖，但是没有效果，到了嘉庆初年，输入竟加了十倍，每年约四千箱。嘉庆下令禁止入口，但是因为官吏的腐败和查禁的困难，销路还是继续加增。

道光对于鸦片是最痛心的，对于禁烟是最有决心的。即位之初，他就严申禁令，可是在他的时代，鸦片的输入加增最快。道光元年（1821年）输入尚只五千箱，道光十五年，就加到了三万箱，值价约一千八百万元。中国的银子漏出，换这有害无益的鸦片，全国上下都认为是国计民生的大患。广东有般绅士觉得烟禁绝不能实行，因为“法令者，胥役之所藉以为利也，立法愈峻，则索贿愈多”。他们主张一面加重关税，一面提倡种植，拿国货来抵外货，久而久之，外商无利可图，就不运鸦片进口了。道光十四五年的时候，这一派的议论颇得势，但是除许乃济一人外，没有一人敢冒天下之大不韪，公开提倡这个办法。道光十八年，黄爵滋上了一封奏折，大声疾呼的主张严禁。他的办法是严禁吸食，他说没有人吸，就没有人卖，所以吸者应治以死罪：

请皇上严降谕旨，自今年某月某日起，至明年某月某日止，准给一年限戒烟，倘若一年以后，仍然吸食，是不奉法之乱民，置之重刑，无不平允。查旧例，吸食鸦片者仅枷杖，其不指出兴贩者罪止杖一百，徒三年，然皆系活罪。断瘾之苦。甚于枷杖与徙杖，故甘犯明刑，不肯断绝。若罪以死论，是临刑之惨更苦于断瘾，臣知其情愿绝瘾而死于家，不愿受刑而死于市。惟皇上既慎用刑之意，诚恐立法稍严，互相告讦，必至波及无辜，然吸食鸦片是否有瘾无瘾，到官熬审，立刻可辨，如非吸食之人，无大深仇，不能诬枉良善，果系吸食者，究亦无从掩饰。故虽用刑，并无流弊。

这封奏折上了以后，道光令各省的督抚讨论。他们虽不彰明的反对黄爵滋，总觉得他的办法太激烈，他们说吸食者尚只害自己，贩卖者则害许多别人，所以贩卖之罪，重于吸食之罪，广州是鸦片烟的总进口，大贩子都在那里，要禁烟应从广州下手。惟独两湖总督林则徐完全赞成黄爵滋的主张，并建议各种实施办法。道光决定吸食与贩卖都要加严禁止，并派林则徐为钦差大臣，驰赴广州查办烟禁。林文忠公是当时政界声望最好，办事最认真的大员，士大夫尤其信任他，他的自信力也不小。他虽然以先没有办过“夷务”，他对外国人说：“本大臣家居闽海，于外夷一切伎俩，早皆深悉其详。”

实在当时的人对禁烟问题都带了几分客气。在他们的私函中，他们承认禁烟的困难，但是在他们的奏章中，他们总是逢迎上峰的意旨，唱高调。这种不诚实的行为是我国士大夫阶级大毛病之一。其实禁烟是个极复杂，极困难的问题。纵使没有外国的干涉，禁烟已极其困难，何况在道光间英国人绝不愿意我们实行禁烟呢？那时鸦片不但是通商的大利，而且是印度政府财政收入之大宗。英国对于我们独自尊大，闭关自守的态度已不满意，要想和我们算一次账，倘若我们因鸦片问题给予英国任何藉口，英国绝不惜以武力对付我们。

那次的战争我们称为鸦片战争，英国人则称为通商战争，两方面都有理由。关于鸦片问题，我方力图禁绝，英方则希望维持原状：我攻彼守。关于通商问题，英方力图获得更大的机会和自由，我方则硬要维持原状：彼攻我守。就世界大势论，那次的战争是不能避免的。

第三节　东西对打

林则徐于道光十九年（1839年）正月二十五日行抵广州。经一个星期的考虑和布置，他就动手了。他谕告外国人说：“利已不可害人，何得将尔国不食之鸦片烟带来内地，骗人财而害人命乎？”他要外国人作二件事：第一，把已到中国而尚未出卖的鸦片“尽数缴官”；第二，出具甘结，声明以后不带鸦片来华，如有带来，一经查出，甘愿“货尽没官，人即正法”。外国人不知林则徐的品格，以为他不过是个普通官僚，到任之初，总要出个告示，大讲什么礼义廉耻，实在还不是要价？价钱讲好了，买卖就可以照常做了。因此他们就观望，就讲价。殊不知林则徐不是那类的人：“若鸦片一日未绝，本大臣一日不回，誓与此事相始终，断无中止之理。”到了二月初十，外人尚不肯交烟，林则徐就下命令，断绝广州出海的交通，派兵把十三行围起来，把行里的中国人都撤出，然后禁止一切的出入。换句话说，林则徐把十三行作了外国人的监牢，并且不许人卖粮食给他们。

当时在十三行里约有三百五十个外国人，连英国商业监督义律（Captain Charles Elliot）在内。他们在里面当然要受相当的苦，煮饭、洗碗、打扫都要自己动手。但是粮食还是有的，外人预贮了不少，行商又秘密的接济，义律原想妥协，但是林则徐坚持他的两种要求。是时英国在中国洋面只有两只小兵船，船上的水兵且无法到广州。义律不能抵抗，只好屈服。他屈服的方法很值得我们注意。他不是命令英国商人把烟交给林则徐，他是教英商把烟交给他，并且由他以商业监督的资格给各商收据，一转手之间，英商的鸦片变为大英帝国的鸦片。

义律共交出二万零二百八十箱，共计二百数十万斤，实一网打尽。这是林文忠的胜利，道光帝也高兴极了。他批林的奏折说："卿之忠君爱国皎然于域中化外矣。"外人尚不完全相信林真是要禁烟，他们想林这一次发大财了。林在虎门海滩挑成两个池子，"前设涵洞，后通水沟，先由沟道引水入池，撒盐其中，次投箱中烟土，再抛石灰煮之，烟灰汤沸，颗粒悉尽。其味之恶，鼻不可嗅，潮退，启放涵洞，随浪入海，然后刷涤池底，不留涓滴"。共历二十三日，全数始尽销毁，逐日皆有文武官员监视，外人之来观者，详记其事，深赞钦差大臣之坦然无私。

义律当时把缴烟的经过详细报告英国政府以后，静待政府的训令。林文忠的大功告成，似乎可以休手了。并且朝廷调他去做两江总督，他可是不去。他说：已到的鸦片，既已销毁，但是以后还可以来。他要彻底，方法就是要外商人人出具甘结，以后不作鸦片买卖；这个义律不答应，于是双方又起冲突了。林自觉极有把握。他说，英国的战斗力亦不过如此，英国人"腿足缠束紧密，屈伸皆所不便"。虎门的炮台都重修过。虎门口他又拿很大的铁链封锁起来。他又想外国人必须有茶叶大黄，他禁止茶叶大黄出口，就可以致外人的死命。那年秋冬之间，广东水师与英国二只小兵船有好几次的冲突，林报告朝廷，中国大胜，因此全国都是乐观的。

英国政府接到义律的信以后，就派全权代表懿律（Admiral George Elliot）率领海陆军队来华。这时英国的外相是巴麦尊（Lord Palmerston），有名的好大喜功的帝国主义者。他不但索鸦片赔款，军费赔款，并且要求一扫旧日所有的通商限制和邦交的不平等。懿律于道光二十年（1840年）的夏天到广东洋面。倘若英国深知中国的国情，懿律应该在广州与林则徐决胜负，因为林是主战派的领袖。但英国人的策略并不在此，懿律在广东，并不进攻，仅宣布封锁海口。中国人的解释是英国怕林则徐。封锁以后，懿律北上，派兵占领定海。定海并无军备，中国人觉得这是不武之胜。以后义律和懿律就率主力舰队到大沽口。

定海失守的消息传到北京以后，清廷愤懑极了。道光下令调陕、甘、云、贵、湘、川各省的兵到沿海各省，全国脚慌手忙。上面要调兵，下面就请饷。道光帝最怕花钱，于是对林则徐的信任就减少了。七月二十二日他的上谕骂林则徐道：“不但终无实际，反生出许多波澜，思之曷胜愤懑，看汝以何词对联也。”

是时在天津主持交涉者是直隶总督琦善。他下了一番知己知彼的功夫。他派人到英国船上假交涉之名去调查英国军备，觉得英人的船坚炮利远在中国之上。他国的汽船，“无风无潮，顺水逆水，皆能飞渡。”他们的炮位之下，“设有石磨盘，中具机轴，只须移转磨盘，炮即随其所向”。回想中国的设备，他觉得可笑极了。山海关的炮，尚是“前明之物，勉强蒸洗备用”。所谓大海及长江的天险已为外人所据，“任军事者，率皆文臣，笔下虽佳，武备未谙”。所以他决计抚夷。

英国外相致中国宰相书很使琦善觉得他的抚夷政策是很有希望的。那封书的前半都是批评林则徐的话，说他如何残暴武断，后半提出英国的要求。琦善拿中国人的眼光来判断那封书，觉得它是个状纸。林则徐待英人太苛了，英人不平，所以要大皇帝替他们伸冤。他就将计就计，告诉英国人说：“上年钦差大臣林等查禁烟土，未能体仰大皇帝大公至正之意，以致受人欺蒙，措置失当。必当逐细查明重治其罪。惟其事全在广东，此间无凭办理。贵统帅等应即返棹南还，听候钦差大臣驰往广东，秉公查办，定能代伸冤抑。”至于赔款一层，中国多少会给一点，使英代表可以有面子回国。至于变更通商制度，他告诉英国人，事情解决以后，英人可照旧通商，用不着变更。懿律和义律原不愿在北方打仗，所以就答应了琦善回到广州去交涉，并表示愿撤退在定海的军队。道光帝高兴极了，觉得琦善三寸之舌竟能说退英国的海陆军，远胜林则徐的孟浪多事。于是下令教内地各省的军队概归原防，“以节糜费”。同时革林则徐的职，教琦善去代替他。

琦善到了广东以后，他发现自己把事情看的太容易了。英国人坚持赔款和割香港或加通商口岸，琦善以为与其割地，不如加开通商口岸。但是怕朝廷不答应，所以只好慢慢讲价，稽延时日英人不耐烦，遂于十二月初开火了。大角沙角失守以后，琦善遂和义律订立条约，赔款六百万元，割香港与英国，以后给与英国平等待遇。道光不答应，骂琦善是执迷不悟，革职锁拿，家产查抄入官，同时调大兵赴粤剿办。英国政府也不满意义律，另派代表及军队来华。从这时起中英双方皆一意主战，彼此绝不交涉。英国的态度很简单：中国不答应她的要求，她就不停战。道光也是很倔强的：一军败了，再调一军。中国兵士有未出战而先逃者，也有战败而宁死不降不逃者。将帅有战前妄自夸大而临战即后退者，也有鞠躬尽瘁死而后已者，如关天培、裕谦、海龄诸人。军器不如人，自不待说；纪律不如人，精神不如人，亦不可讳言。人民有些甘作汉奸，有些为饥寒所迫，投入英军作苦力。到了二十二年（1842年）的夏天，英军快要攻南京的时候，清廷知道没有办法，不能再抵抗，于是接受英国要求，成立《南京条约》。

第四节 民族丧失二十年的光阴

鸦片战争的失败的根本理由是我们的落伍。我们的军器和军队是中古的军队，我们的政府是中古的政府，我们的人民，连士大夫阶级在内，是中古的人民。我们虽拼命抵抗终归失败，那是自然的，逃不脱的。从民族的历史看，鸦片战争的军事失败还不是民族致命伤。失败以后还不明了失败的理由力图改革，那才是民族的致命伤。倘使同治光绪年间的改革移到道光咸丰年间，我们的近代化就要比日本早二十年。远东的近代史就要完全变更面目。可惜道光咸丰年间的人没有领受军事失败的教训，战后与战前完全一样，麻木不仁，妄自尊大。直到咸丰末年英法联军攻进了北京，然后有少数人觉悟了，知道非学西洋不可。所以我们说，中华民族丧失了二十年的宝贵光阴。

为什么道光年间的中国人不在鸦片战争以后就起始维新呢？此中原故虽极复杂，但是值得我们研究。第一，中国人的守旧性太重。我国文化有了这几千年的历史，根深蒂固，要国人承认有改革的必要，那是不容易的。第二，我国文化是士大夫阶级的生命线。文化的摇动，就是士大夫饭碗的摇动。我们一实行新政，科举出身的先生们，就有失业的危险，难怪他们要反对。第三，中国士大夫阶级（知识阶级和官僚阶级）最缺乏独立的，大无畏的精神。无论在那个时代，总有少数人看事较远较清，但是他们怕清议的指摘，默而不言，林则徐就是个好例子。

林则徐实在有两个，一个是士大夫心目中的林则徐，一个是真正的林则徐。前一个林则徐是主剿的，他是百战百胜的。他所用的方法都是中国的古法。可惜奸臣琦善受了英人的贿赂，把他驱逐了。英人未去林之前，不敢在广东战，既去林之后，当然就开战。所以士大夫想中国的失败不是因为中国的古法不行，是因为奸臣误国。当时的士大夫得了这样的一种印象，也是很自然的，林的奏章充满了他的自信心，可惜自道光二十年夏天定海失守以后，林没有得着机会与英国比武，难怪中国人不服输。

真的林则徐是慢慢的觉悟了的。他到了广东以后，他就知道中国军器不如西洋，所以他竭力买外国炮，买外国船，同时他派人翻译外国所办的刊物。他在广东所搜集的材料，他给了魏默深。魏后来把这些材料编入《海国图志》。这部书提倡以夷制夷，并且以夷器制夷。后来日本的文人把这部书译成日文，促进了日本的维新。林虽有这种觉悟，他怕清议的指摘，不敢公开的提倡。清廷把他谪戍伊犁，他在途中曾致书友人说：

> 彼之大炮远及十里内外，若我炮不能及彼，彼炮先已及我，是器不良也。彼之放炮如内地之放排枪，连声不断。我放一炮后，须辗转移时，再放一炮，是技不熟也，求其良且熟焉，亦无他深巧耳。不此之务，即远调百万貔貅，恐只供临敌之一哄。况逆船朝南暮北，惟水师始能尾追，岸兵能顷刻移动否？盖内地将弁兵丁虽不乏久历戎行之人，而皆觌面接仗。似此之相距十里八里，彼此不见面而接仗者，未之前闻。徐尝谓剿匪八字要言，器良技熟，胆壮心齐是已。第一要大炮得用，令此一物置之不讲，真令岳韩束手，奈何奈何！

这是他的私函，道光二十二年九月写的。他请他的朋友不要给别人看。换句话说，真的林则徐，他不要别人知道。难怪他后来虽又作陕甘总督和云贵总督，他总不肯公开提倡改革。他让主持清议的士大夫睡在梦中，他让国家日趋衰弱，而不肯牺牲自己的名誉去与时人奋斗。林文忠无疑的是中国旧文化最好的产品。他尚以为自己的名誉比国事重要，别人更不必说了。士大夫阶级既不服输，他们当然不主张改革。

主张抚夷的琦善、耆英诸人虽把中外强弱的悬殊看清楚了，而且公开的宣传了，但是士大夫阶级不信他们，而且他们无自信心，对民族亦无信心，只听其自然，不图振作，不图改革。我们不责备他们，因为他们是不足责的。

第五节　不平等条约开始

道光二十二年（1842年）八月二十九日在南京所订的《中英条约》不过是战后新邦交及新通商制度的大纲。次年的《虎门条约》才规定细则。我们知道战后的整个局面应该把两个条约合并起来研究。我们应该注意的有下列几点：第一，赔款二千一百万两。第二，割香港。第三，开放广州、厦门、福州、宁波、上海为通商口岸。第四，海关税则详细载明于条约，非经两国同意不能修改，是即所谓协定关税。第五，英国人在中国者只受英国法律和英国法庭的约束，是即所谓治外法权。第六，中英官吏平等往来。

当时的人对于这些条款最痛心的是五口通商。他们觉得外人在广州一口通商的时候已经不易防范，现在有五口通商，外人可以横行天下，防不胜防。直到前清末年，文人忧国者莫不以五口通商为后来的祸根。五口之中，他们又以福州为最重要，上海则是中英双方所不重视的。割让土地当然是时人所反对的，也应该反对的。但是香港在割让以前毫无商业的或国防的重要。英人初提香港的时候，北京还不知道香港在哪里。时人反对割地，不是反对割香港。

协定关税和治外法权是我们近年所认为不平等条约的核心，可是当时的人并不这样看。治外法权，在道光时代的人的目光中，不过是让夷人管夷人。他们想那是最方便，最省事的办法。至于协定关税，他们觉得也是方便省事的办法。每种货物应该纳多少税都明白的载于条约，那就可以省除争执。负责交涉条约的人如伊里布、耆英、黄恩彤诸人知道战前广东地方官吏的苛捐杂税是引起战争原因之一，现在把关税明文规定岂不是一个釜底抽薪，一劳永逸的办法？而且新的税则平均到百分之五，比旧日的自主关税还要略微高一点。负交涉责任者计算以后海关的收入比以前还要多，所以他们洋洋得意，以为他们的外交成功。其实他们牺牲了国家的主权，遗害不少。总而言之，道光年间的中国人，完全不懂国际公法和国际形势，所以他们争所不当争，放弃所不应当放弃的。

我们与英国订了这种条约，实因为万不得已，如别的国家来要求同样的权利，我们又怎样对付呢？在鸦片战争的时候，国内分为两派：剿夷派和抚夷派。前者以林则徐为领袖，后者以琦善为领袖。战争失败以后，抚夷派当然得势了。这一派在朝者是军机大臣穆彰阿，在外的是伊里布和耆英。中英订了条约以后，美法两国就派代表来华，要求与我国订约。抚夷派的人当然不愿意与美国、法国又打仗，所以他们自始就决定给美、法的人平等的待遇。他们说，倘若中国不给，美、法的人大可以假冒英人来作买卖，我们也没有法子查出。这样作下去，美、法的人既靠英国人，势必与英国人团结一致，来对付我们，假使中国给美、法通商权利，那美国、法国必将感激中国。我们或者还可以联络美、法来对付英国。并且伊里布、耆英诸人以为中国的贸易是有限的。这有限的贸易不让英国独占，让美、法分去一部分，与中国并无妨碍，中国何不作个顺水人情？英国为避免别国的妒嫉，早已声明她欢迎别国平等竞争。所以美国、法国竟能和平与中国订约。

不平等条约的根源一部分由于我们的无知，一部分由于我们的法制未达到近代文明的水准。

第六节　剿夷派又抬头

在鸦片战争以前，广州与外人通商已经三百多年，好像广州人应该比较的多知道外国的情形，比别处的中国人应该更能与外人相安无事，其实不然，五口通商以后，惟独广州人与外人感情最坏，冲突最多。此中原因复杂。第一，英国在广州受了多年的压迫，无法出气，等到他们打胜了，他们觉得他们出气的日子到了，他们不能平心静气的原谅中国人因受了战争的痛苦而对他们自然不满意，自然带几分的仇视。第二，广东地方官商最感觉《南京条约》给他们私人利益的打击。在鸦片战争以前，因为中外通商集中于广州，地方官吏，不分大小，都有发大财的机会。《南京条约》以后，他们的意外财源都禁绝了，难怪他们要恨外国人。商人方面也是如此。在战前，江浙的丝茶都由陆路经江西，过梅岭，而由广州的十三行卖给外国人。据外人的估计，伍家的怡和行在战前有财产八千多万，恐怕是当时世界上最富的资本家。《南京条约》以后，江浙的丝茶，外人直接到江、浙去买，并不经过广州。五口之中，上海日盛一日，而广州则日形衰落。不但富商受其影响，就是劳工直接间接受影响的都不少，难怪民间也恨外国人。

仇外心理的表现之一就是杀外国人，他们到郊外去玩的时候，乡民出其不意，就把他们杀了。耆英知道这种仇杀一定要引起大祸，所以竭力防御，绝不宽容。他严厉的执行国法，杀人者处死，这样一来，士大夫骂他是洋奴。他们说：官民应该一致对外，哪可以压迫国民以顺夷情呢？因此耆英在广东的地位，一天困难一天。

在广东还有外人进广州城的问题。照常识看来，许外国人到广州城里去似乎是无关宏旨的。在外人方面，不到广州城里去似乎也没任何损失，可是这个入城问题竟成了和战问题。在上海，就全无这种纠纷。《南京条约》以后，外人初到上海的时候，他们在上海城内租借民房，后来他们感觉城内街道狭小，卫生情形也不好，于是请求在城外划一段地作为外人居留地区。上海道台也感觉华洋杂处，不便管理，乃划洋泾浜以北的小块地作为外人住宅区。这是上海租界的起源。广州十三行原在城外，鸦片战争以前，外人是不许入城的。广州人简直把城内作为神圣之地，外夷倘进去，就好像与尊严有损。外人也是争意气：他们以为不许他们入城，就是看不起他们。耆英费尽苦心调停于外人与广州人民之间，不料双方愈闹愈起劲。道光二十七年（1847年），英人竟兵临城下，要求入城。耆英不得已，许于二年后准外人入城，希望在两年之内，或者中外感情可以改良，入城可以不成问题。但当时人民攻击耆英者多，于是道光调他入京，而升广东巡抚徐广缙为两广总督，道光给徐的上谕很清楚的表示他的态度：

疆寄重在安民，民心不失，则外侮可弭。嗣后遇有民夷交涉事件，不可瞻徇迁就，有失民心。至于变通参酌，是在该署督临时加意权衡体察。总期以诚实结民情，以羁縻办夷务，方为不负委任。

徐广缙升任总督以后，就写信问林则徐驭夷之法。林回答说："民心可用。"道光的上谕和林则徐的回答都是士大夫阶级传统的高调和空谈。仅以民心对外人的炮火当然是自杀。民心固不可失，可是一般人民懂得什么国际关系？主政者应该负责指导舆论。如不指导，或指导不生效，这都是政治家的失败。徐广缙也是怕清议的指责，也是把自己的名誉看的重，国家事看的轻。当时广东巡抚叶名琛比徐广缙更顽固。他们继承了林则徐的衣钵，他们上台就是剿夷派的抬头。

道光二十九年，两年后许入城的约到了期。英人根据条约提出要求。广州的士大夫和民众一致反对。徐广缙最初犹疑，后亦无可奈何，只好顺从民意。叶名琛自始即坚决反对履行条约。他们的办法分两层：第一，不与英人交易。第二，组织民众。英人这时不愿为意气之争与中国决裂，所以除声明保存条约权利以外，没有别的举动。徐叶认为这是他们的大胜利，事后他们报告北京说：

计自正月二十七日至三月二十日，居民则以工人，铺户则以伙伴，均择其强壮可靠者充补。挨户注册，不得在外雇募。公开筹备经费，制造器械，添设栅栏，共团勇至十万馀人。无事则各安工作，有事则立出捍卫。明处则不见荷戈持戟之人，暗中实皆折冲御侮之士。（朱批：朕初不料卿等有此妙用。）众志成城，坚逾金石，用能内戢土匪，外警猾夷。

为纪念胜利，道光帝赏了徐广缙子爵，世袭双眼花翎，叶名琛男爵，世袭花翎。道光又特降谕旨，嘉勉广州民众：

我粤东百姓素称骁勇。乃近年深明大义，有勇知方，固由化导之神，亦系天性之厚。朕念其翊戴之功，能无恻然有动于中乎！

三十年（1850年）年初道光死了，咸丰即位。在咸丰年间，国内有太平天国的内战，对外则剿夷派的势力更大。三十年五月，有个御史曹履泰上奏说：

查粤东夷务林始之而徐终之，两臣皆为英夷所敬畏。去岁林则徐乞假回籍，今春取道江西养疾，使此日英夷顽梗不化，应请旨饬江西抚臣速令林则徐赶紧来京，候陛见后，令其协办夷务，庶几宋朝中国复相司马之意。若精神尚未复原，亦可养疴京中，勿遽回籍。臣知英夷必望风而靡，伎俩悉无可施，可永无宵旰之虑矣。

咸丰也很佩服林则徐，当即下令教林来京。林的运气真好：他病大重，以后不久就死了，他的名誉藉此保存了。

第七节　剿夷派崩溃

林则徐死了，徐广缙离开广东去打太平天国去了。在广东负外交重责的是叶名琛。他十分轻视外人，自然不肯退让。在外人方面，他们感觉已得的权利不够，他们希望加开通商口岸。旧有的五口只包括江、浙、闽、粤四省海岸，现在他们要深入长江，要到华北，其次他们要派公使驻北京。此外他们希望中国地方官吏不拒绝与外国公使领事往来。最后他们要求减轻关税并废除厘金。这些要求除最后一项外，并没有什么严重的性质。但是咸丰年间的中国人反而觉得税收一项倒可通融，至于北京驻使，长江及华北通商及官吏与外人往来各项简直有关国家的生死存亡，绝对不可妥协的。

咸丰四年（1854年），英美两国联合要求修改条约。当时中国没有外交部，所有的外交都由两广总督办。叶名琛的对付方法就是不交涉。外人要求见他，他也不肯接见。英美两国的代表跑到江苏去找两江总督，他劝他们回广东去找叶名琛。他们后来到天津，地方当局只允奏请皇帝施恩稍为减免各种税收，其余一概拒绝。总而言之，外人简直无门可入。他们知道要修改条约只有战争一条路。

咸丰六年（1856年）叶名琛派兵登香港注册之亚罗船上去搜海盗，这一举给了英国人开战的口实。不久，法国传教士马神父在广西西林被杀，叶名琛不好好处理，又得罪了法国。于是英法联军来和我们算总账。

七年冬天，英法联军首先进攻广东。士大夫阶级所依赖的民心竟毫无力量。英法不但打进广州，而且把总督巡抚都俘虏了。叶后来押送印度，死在喀尔喀塔（即加尔各答）。巡抚柏贵出来作英法的傀儡维持地方治安。民众不但不抵抗，且帮助英国人把藩台衙门的库银抬上英船。

八年，英法联军到大沽口。交涉失败，于是进攻。我们迫不得已与订《天津条约》，接受英法的要求。于是英法撤退军队。

清廷对于北京驻使及长江通商始终不甘心，总要想法挽回，清廷派桂良和花沙纳到上海，名为交涉海关细则，实则想取消《天津条约》。为达到这个目的，清廷准备出很大的代价。只要英法放弃北京驻使，长江开通商口岸，清廷愿意以后全不收海关税。幸而桂良及何桂清反对这个办法；所以《天津条约》，未得挽回。清廷另一方面派科尔沁亲王僧格林沁在大沽布防。僧格林沁是当时著名勇将之一，办事极认真。

九年，英法各国代表又到大沽，预备进京去交换《天津条约》的批准证书。他们事先略闻中国要修改《天津条约》，并在大沽设防，所以他们北上的时候，随带相当海军。到了大沽口，看见海河已堵塞，他们啧啧不平，责中国失信，并派船拔取防御设备，僧格林沁就令两岸的炮台出其不意同时开炮。英法的船只竟无法抵抗。陆战队陷于海滩的深泥，亦不能登岸。他们只有宣告失败，等国内增派军队。

咸丰九年的冬季及十年的春季，正是清廷与太平天国内战最紧急的时候。苏州被太平军包围，危在旦夕。江、浙的官吏及上海、苏州一带的绅士听见北方又与英、法开战，简直惊慌极了，因为他们正竭力寻求英法的援助来对付太平军。所以他们对北京再三请求抚夷，说明外人兵力之可畏及长江下游局势之险急。清廷虽不许他们求外人的援助，恐怕示弱于人，但外交政策并不因大沽口的胜利而转强硬。北京此时反愿意承认《天津条约》。关于大沽的战事，清廷的辩护亦极有理。倘使英法各国代表的真意旨是在进京换约，何必随带重兵？海河既为中国领河，中国自有设防的权，而这种防御或者是对太平军，并非对外仇视的表示。海河虽阻塞，外国代表尚可在北塘上岸，有陆路进北京。我国根据以上理论的宣传颇生效力。大沽之役以后，英法并不坚持要报复，要雪耻。他们只要求赔偿损失及其他不关重要之条约解释与修改。这种《天津条约》以外的要求遂成为咸丰十年英法联军的起因。

十年，英法的军队由侧面进攻大沽炮台，僧格林沁不能支持，连天津都不守了。清廷又派桂良等出面在天津交涉。格外的要求答应了。但到签字的时候，一则英法代表要求率卫队进京，二则因为他们以为桂良的全权的证书不合格式，疑他的交涉不过是中国的缓兵之计，所以又决裂了。英法的军队直向北京推进。清廷改派怡亲王载垣为钦差大臣，在通州交涉。条件又讲好了，但英使的代表巴夏礼在签字之前声明英使到北京后，必须向中国皇帝面递国书。这是国际间应行的礼节，但那时中国人认为这是外夷的狂悖。其居心叵测，中国绝不能容忍。载垣乃令军队捕拿英法代表到通州来交涉人员。这一举激怒外人，军事又起了。

咸丰帝原想“亲统六师，直抵通州，以伸天讨，而张挞伐”。可是通州决裂以后，他就逃避热河，派恭亲王奕䜣留守北京。奕䜣是咸丰的亲弟，这时只二十八岁。他当然毫无新知识。八年天津交涉的时候，他竭力反对长江通商。捕拿外国交涉代表最初也是他提议的，所以他也是属于剿夷派的。但他是个有血性的人，且真心为国图谋。他是清朝后百年宗室中之贤者。在道咸时代，一般士大夫不明天下大势是可原谅的，但是战败以后而仍旧虚骄，如附和林则徐的剿夷派，或是服输而不图振作，不图改革，如附和耆英的抚夷派，那就不可救药了。恭亲王把握政权以后，天下大势为之一变，他虽缺乏魄力，他有文祥作他的助手。文祥虽是亲贵，但他的品格可说是中国文化的最优代表，他为人十分廉洁，最尽孝道。他可以作督抚，但因为有老母在堂，不愿远行，所以坚辞。他办事负责而认真，且不怕别人的批评。我们如细读《文文忠年谱》，我们觉得他真是一个“先天下之忧而忧，后天下之乐而乐”的大政治家。

奕䜣与文祥在元首逃难，京都将要失守的时候，接受大命。他们最初因无外交经验，不免举棋不定。后来把情势看清楚了，他们就毅然决然承认外人的要求，与英法订立《北京条约》。条约签定以后，英法退军，中国并没丧失一寸土地。咸丰六年的《天津条约》和十年的《北京条约》是三年的战争和交涉的结果。条款虽很多，主要的是北京驻使和长江通商。历史上的意义不外从此中国与西洋的关系更要密切了。这种关系固可以为祸，亦可以为福，看我们振作与否。奕䜣与文祥绝不转头回看，留恋那已去不复回的闭关时代。他们大着胆向前进，到国际生活中去找新出路。我们研究近代史的人所痛心的就是这种新精神不能出现于鸦片战争以后而出现于二十年后的咸末同初。一寸光阴一寸金，个人如此，民族更如此。

第二章　洪秀全与曾国藩

第一节　旧社会走循环套

第一章已经讨论了道光、咸丰年间自外来的祸患。我们说过那种祸患是不可避免的，因为我们无法阻止西洋科学和机械势力，使其不到远东来。我们也说过，我们很可以转祸为福，只要我们大胆的接受西洋近代文化，以我们的人力物力，倘若接受了科学机械和民族精神，我们可以与别国并驾齐驱，在国际生活之中，取得极光荣的地位。可是道光时代的人不此之图。鸦片之役虽然败了，他们不承认是败了。主战的剿夷派及主和的抚夷派，在战争之后，正如在战争之前，均未图振作。直到受了第二次战败的教训。然后有人认识时代的不同而思改革。

在没有叙述同治光绪年间的新建设以前，我们试再进一步的研究道咸年间中国的内政。在近代史上，外交虽然要紧，内政究竟是决定国家强弱的根本要素。譬如：上次世界大战以前，德国的外交失败了，所以战争也失败了，然而因为德国内政健全，战后尚不出二十年，她又恢复她的地位了，这就是自力更生。

不幸到了十九世纪，我们的社会、政治、经济都已到腐烂不堪的田地。据前清政府的估计，中国的人口在康熙四十年（1701年）约有二千万；（按：作者有误，此二千万应为人丁，而非人口。）到了嘉庆五年（1800年）增加到三万万。百年之内竟有十五倍的增加！这种估计虽不可靠，然而我国人口在十八世纪有很大的增加，这是毫无疑问的。十七世纪是个大屠杀的世纪。开初有明朝末年的内乱，后又有明清的交战及满清有计划的屠杀汉人，如扬州十日及嘉定屠城。我们也不要忘记张献忠在四川的屠杀，近年中央研究院发表了很多明清史料，其中有一件是康熙初年四川某县知事的人口年报，那位县老爷说他那县的人口，在大乱之后，只有九百余人，而在一年之内，老虎又吃了一大半！康熙、雍正、乾隆三朝是大乱之后的大治，于是人口增加。这是中国几千年来的圈套，演来演去，就是圣贤也无法脱逃。

那时的人一方面不知利用科学节制生育，另一方面又不知利用科学增加生产。在大乱之后，大治之初，人口减少，有荒可垦，故人民安居乐业，生活程度略为提高。这是老百姓心目中的黄金时代。后来人口一天多一天，荒地则一天减少一天，而且新垦的地不是土质不好，就是水源不足，于是每人耕地的面积减少，生活程度降低。老百姓莫明其妙，只好烧香拜佛，嗟叹自己的命运不好。士大夫和政府纵使有救世之心，亦无救世之力，只好听天灾人祸自然演化。等到土匪一起，人民更不能生产，于是小乱变为大乱。

中国历史还有一个循环套。每朝的开国君主及元勋大部分起自民间，自奉极薄，心目中的奢侈标准是很低的，而且比较能体恤民间的痛苦，办事亦比较认真，这是内政倡明吏治澄清的时代。后来慢慢的统治阶级的欲望提高，奢侈标准随之提高，因之官吏的贪污亦大大的长进。并且旧社会里，政界是才子惟一的出路，不像在近代文化社会里，有志之士除作官以外，可以经营工商业，可以行医，可以作新闻记者，大学教授，科学家，发明家，探险家，音乐家，美术家，工程师，而都名利两全，其所得往往还在大官之上。有人说：中国旧日的社会很平等，因为官吏都是科举出身，而且旧日的教育是很不费钱的。这种看法，过于乐观。前清一代的翰林哪一个在未得志以前，曾经下过苦力？我们可以进一步的问，前清一代的翰林，哪一个的父亲曾下过苦力？林则徐、曾国藩是前清有名的贫苦家庭的子弟，但是细考他们的家世，我们就知道他们的父亲是教书先生，不是劳力者。中国旧日的资本家有几个不是做官起家？中国旧日的大商业哪一种没有官吏作后盾，仗官势发财？总而言之，在中国旧日的社会里，有心事业者集中于政界，专心利禄者也都挤在官场里。结果是每个衙门的人员永在加增之中，而衙门的数目亦天天加多。所以每个朝代到了天下太平已久，人口加增很多，民生痛苦的时候，官吏加多，每个官吏的贪污更加厉害，人民所受的压榨也更加严重。

中国到了嘉庆年间已到了循环套的最低点。嘉庆初年所革除的权臣和珅。据故宫博物院所保存的档案，积有私产到九万万两之多，当时官场的情形可想而知。历嘉庆道光两朝，中国几无日无内乱，最初有湖北、四川、陕西三省白莲教徒的叛乱，后有西北回教徒之乱，西南苗傜之乱，同时东南沿海的海盗亦甚猖獗。这还是明目张胆与国家对抗者，至于潜伏于社会的匪徒几遍地皆是。道光十五年，御史常大淳上奏说：

直隶、山东、河南向有教匪，辗转传习，惑众敛钱。遇岁歉，白昼伙抢，名曰均粮。近来间或拿办，不断根株。湖南之永州、郴州、桂阳，江西之南安、赣州与两广接壤，均有会匪结党成群，动成巨案。

西洋势力侵略起始的时候，正是我们抵抗力量薄弱的时候。到了道光年间，我们的法制有名无实，官吏腐败，民生痛苦万分，道德已部分的失其维系力。我们一面须接受新的文化，一面又须设法振兴旧的政教。我民族在近代所遇着的难关是双层的。

第二节　洪秀全企图建新朝

洪秀全所领导的太平天国运动，就是上一节所讲的那个时代和那种环境的产物。

洪秀全是广东花县人，生于嘉庆十八年，即西历一八一三年。传说他的父亲是个农民，家境穷苦，但他自幼就入村塾读书，到十六岁才辍学，作乡村教师。这样似乎他不是出身于中国社会的最下层，他自己并不是个劳力者。他两次到广州去考秀才，两次都失败了。于是心怀怨恨。这是旧社会常有的事，并不出奇。洪秀全经验的特别是他在广州应试的时候，得着耶稣教传教士的宣传品。后来大病四十多天，病中梦见各种幻象，自说与耶稣教义符合，于是信仰上帝，创立上帝会。最早的同志是冯云山，也是一位因考试失败而心怀不平者，他们因为在广东传教不顺利，所以迁移其活动于广西桂平县。

中国自古以来的民间运动都带点宗教性质，西洋中古的时候也是如此。可是洪秀全与基督教发生关系，不过是偶然的事。他的耶稣教也是个不伦不类的东西。他称耶和华为天父，耶稣为天兄，自为天弟。他奉天父天兄之命来救世。他的命令就是天父天兄的命令。崇拜耶和华上帝者，“无灾无难”；不崇拜者，“蛇虎伤人”。他的兵士，如死在战场，就是登仙。孔教，佛教，道教，都是妖术。孔庙及寺观都必须破坏。

洪秀全的上帝会吸收了许多三合会的分子。这个三合会是排满的秘密团体，大概是明末清初时代起始的。洪秀全或者早有了种族革命的思想。无论如何，他收了三合会的会员以后，他的运动以推倒清朝为第一目的。他骂满人为妖人。满人之改变中国衣冠和淫乱中国女子（三千粉黛，皆为羯狗所污；百万红颜，竟与骚狐同寝。）是洪秀全的宣传品斥责的最好的对象。

洪秀全除推行宗教革命及种族革命以外，他有社会革命的思想没有？他提倡男女平权，但他的宫庭充满了妃妾，太平天国的王侯将帅亦皆多蓄妻妾。他的诏书中有田亩制度，其根本思想类似共产主义：“有田共耕，有饭同食，有衣同穿，有钱同使。”但是他的均田主义，虽有详细的规定，并未实行。是他不愿实行呢？还是感觉实行的困难而不愿试呢？就现在我们所有的史料判断，我们可以说洪秀全对于宗教革命及种族革命是十分积极的，对于社会革命则甚消极。他的党徒除冯云山以外，尚有烧炭的杨秀清，后封东王；耕种山地的萧朝贵，后封西王；曾捐监生与衙门胥吏为伍的韦昌辉，后封北王，及富豪石达开，后称翼王。他的运动当然是个民间运动，反映当时的民间痛苦和迷信，以及潜伏于民间的种族观念。

道光三十年夏天，洪秀全在广西金田村起兵。九月，占蒙山县（旧名永安），于是定国号为太平天国，自称天王。清兵进围永安。洪秀全于咸丰二年春突围，进攻桂林，未得，改图湖南。他在长沙遇着很坚强的抵抗，乃向湘江下流进攻。他在岳州得着吴三桂留下来的军械，并抢夺了不少的帆船。实力补充了以后，他直逼武汉。他虽打下了汉阳、武昌，他不留兵防守，设官立治。他一直向长江下游进攻，沿途攻破了九江、安庆、芜湖，咸丰三年春打进南京，就定都于此。名叫天京。在定都南京以前，洪秀全的行动，类似流寇，定都南京以后，他才开始他的建国工作。

从道光三十年（1850年）到咸丰三年（1853年）可说是太平天国的顺利时期。在这时期内，社会对洪秀全的运动是怎样应付呢？一般安分守己的国民不分贫富，是守中立的。太平军到了，他们顺从太平军，贡献金钱；官军到了，他们又顺从官军，又贡献金钱。他们是顺民，其实他们是左右为难的。他们对满清政府及其官吏，绝无好感，因为他们平素所受的痛苦也够了。并且官军的纪律不好，在这期内，太平军的纪律还比较好一点。同时老百姓感觉太平军是造乱分子，使他们不能继续过他们的平安日子？太平军到处破坏庙宇，毁灭偶像，迷信的老百姓看不惯，心中不以为然。各地的土匪都趁火打劫。太平军所经过的地方，就是他们容易活动的地方。他们干他们的事，对于官军及太平军无所偏倚。有组织的秘密会社则附和太平军，如湖南的哥老会及上海的小刀会。大多数士大夫阶级，积极反对洪秀全的宗教革命。至于排满一层，士大夫不是不知道汉人的耻辱，但是他们一则因为洪秀全虽为汉人，虽提倡种族革命，然竭力破坏几千年来的汉族文化，满人虽是外族，然自始即拥护汉族文化；二则他们觉得君臣之分既定，不好随便作乱，乱是容易的，拨乱反正则是极难的，所以士大夫阶级，这时对于种族革命并不热心。

太平军的军事何以在这时期内这样顺利呢？主要原因不是太平军本身的优点。论组织训练，太平军很平常，论军器，太平军尚不及官军，论将才，太平军始终没有出过大将。太平军在此时期内所以能得胜，全因为它是一种新兴的势力，富有朝气，能拼命，能牺牲。官军不但暮气很重，简直腐化不成军了。当时的官军有两种，即八旗和绿营。八旗的战斗力随着满人的汉化、文弱化而丧失了。所以在乾隆嘉庆年间，清朝用绿营的时候已逐渐加多，用八旗的时候已逐渐减少。到了道光咸丰年间，绿营已经成了清廷的主力军队，其腐化程度正与一般政界相等。士兵的饷额甚低，又为官长剥削，所以自谋生计，把当兵作为一种副业而已。没有纪律，没有操练，害民有馀，打仗则简直谈不到。并且将官之间，猜忌甚深，彼此绝不合作。但是绿营在制度上也有一种好处。这种军队虽极端腐化，然是统一的国家的军队，不是个人的私有武力。在道、咸以前，地方大吏没有人敢拥兵自重，与朝庭对抗。私有的武力，是太平天国内乱的意外副产品，以后我们要深切的注意它的出世。

第三节　曾国藩刷新旧社会

曾国藩是我国旧文化的代表人物，甚至于理想人物。他生在嘉庆十六年，一八一一年，比洪秀全大两岁。他是湖南湘乡人，家世业农。他虽没有下过苦力，他的教育是从艰难困苦中奋斗出来的。他成翰林的时候，正是鸦片战争将要开始的时候。他的日记虽提及鸦片战争，他似乎不大注意，不了解那次战争的历史意义。他仍埋首于古籍中。他是一个实践主义的理学家。无论我们是看他的字，读他的文章，或是研究他的为人办事，我们自然的想起我们乡下那个务正业的小农民，他和小农民一样，一生一世，不作苟且的事情。他知道文章学问道德功业都只有汗血才能换得来，正如小农民知道要得一粒一颗的稻麦都非出汗不可。

在咸丰初年曾国藩官作到侍郎，等于现在的各部次长。他的知己固然承认他的文章道德是特出的，但是他的知己不多，而且少数知己也不知道他有大政治才能，恐怕连他自己也不知道。所以在他的事业起始的时候，他的声望并不高，他也没有政治势力作他的后盾。但是湖南地方上的士大夫阶级确承认他的领袖地位。他对洪秀全的态度就是当时一般士大夫的态度，不过比别人更加积极而已。

那时的官兵不但不能打仗，连乡下的土匪都不能对付，所以人民为自卫计，都办团练。这种团练就是民间的武力，是务正业的农民藉以抵抗不务正业的游民土匪。这种武力，因为没有官场化，又因为与农民有切身利害关系，保存了我国乡民固有的勇敢和诚实。曾国藩的事业就是利用这种乡勇，而加以组织训练，使它成为一个军队。这就是以后著名的湘军。团练是当时全国皆有的，并不是曾国藩独创的，但是为什么惟独湘军能成大事呢？原故就在于曾国藩所加的那点组织和训练。

曾国藩治兵的第一个特别是精神教育的注重。他自己十二分相信孔孟的遗教是我民族的至宝。洪秀全既然要废孔教，那洪秀全就是他的敌人，也就是全民族的敌人。他的“讨贼檄文”骂洪秀全最激烈的一点就在此：

> 举中国数千年礼义人伦，诗书典则，一旦扫地荡尽，此岂独我大清之变，乃开辟以来，名教之奇变，我孔子、孟子之所痛哭于九泉，凡读书识字者，又焉能袖手坐视，不思一为之所也？

他是孔孟的忠实信徒，他所选的官佐都是他的忠实同志，他是军队的主帅，同时也是兵士的导师。所以湘军是个有主义的军队。其实精神教育是曾国藩终身事业的基础，也是他在我国近代史上地位的特别。他的行政用人都首重主义。他觉得政治的改革必须先有精神的改革。前清末年的官吏，出自曾文正门下者，皆比较正派，足见其感化力之大。

曾国藩不但利用中国的旧礼教作军队的精神基础，而且利用宗族观念和乡土观念来加强军队的团结力。他选的官佐几全是湖南人，而且大半是湘乡人。这些官佐都回本地去招兵，因此兵士都是同族或同里的人。这样他的部下的互助精神特别浓厚。这是湘军的第二特点。

历史上的精神领袖很少同时也是事业领袖，因为注重精神者往往忽略事业的具体条件。在西洋社会里，这两种领袖资格是完全分开的。管教者不必管事，管事者不必管教。在中国则不然：中国社会几千年来是政教不分，官师合一的。所以在中国，头等领袖必须兼双层资格。曾国藩虽注重为人，并不忽略作事。这是他的特别的第三点。当时绿营之所以不能打仗，原故虽多，其中之一是待遇太薄。曾氏在起始办团练的时候，就决定每月陆勇发饷四两二钱，水勇发三两六钱，比绿营的饷额加一倍。湘军在待遇上享有特殊权利。湘军作战区域是长江沿岸各省。在此区域内水上的优势很能决定陆上的优势。所以曾国藩自始就注重水师。关于军器，曾氏虽常说打仗在人不在器，然而他对军器的制造，尤其对于大炮的制造，是很费苦心的。他用尽心力去罗致当时的技术人才。他对于兵士的操练也十分认真。他自己常去督察检阅。他不宽纵他的军官，也不要军官宽纵他的部下。

曾国藩的事业，如同他的学问，也是从艰难困苦中奋斗出来的。他要救旧社会旧文化，而那个旧社会旧文化所产生的官僚反要和他捣乱。他要维持大清，但大清反而嫉妒他，排斥他。他在长沙练勇的时候，旧时的官兵恨他的新方法，新标准，几乎把他打死了，他逃到衡州去避乱。他最初的一战是个败仗，他投水自尽，幸而被部下救起来。他练兵打仗，同时他自己去筹饷。以后他成了大事，并不是因为清廷和官僚自动的把政权交给他，是因为他们的失败迫着他们求曾国藩出来任事，迫着他们给他个作事的机会和权利。

第四节　洪秀全失败

洪秀全得了南京以后，我们更能看出他的真实心志不在建设新国家或新社会，而在建设新朝代。他深居宫中。务求享作皇帝的福，对于政事则不放在心上。宫廷的建筑，宫女的征选，金银的聚敛，官制宫制的规定，这些事情是太平天王所最注意的。他的宗教后来简直变为疯狂的迷信。杨秀清向他报告国事的困难，他回答说：

> 朕奉上帝圣旨，天兄耶稣圣旨，下凡作天下万国独一真主，何惧之有？不用尔奏，政事不用尔理，欲出外出，

欲在京住，由于尔，朕铁桶江山，你不扶，有人扶，尔说无兵，朕之天兵，多过于水，何惧曾妖（国藩）乎?

快要灭亡的时候，南京绝粮，洪秀全令人民饮露充饥，说露是天食。

这样的领袖不但不能复兴民族，且不能作为部下团结的中心。在咸丰六年，洪秀全的左右起了很大的内讧。东王杨秀清个人独掌大权。其他各王都须受东王的节制。照太平天国的仪式，天王称万岁，东王称九千岁，西王八千岁，余递减。别的王都须到东王府请安议事，并须跪呼千岁。在上奏天王的时候，东王立在陛下，其余则跪在陛下，因此杨秀清就为其同辈所愤恨。同时天主也怕他要取而代之。六年九月，北王韦昌辉设计诱杀杨秀清和他的亲属党羽。翼王石达开心怀不平，北王又把翼王家属杀了。天王为联络翼王起见，下令杀北王，但翼王以后还是独树一帜，与天王脱离关系。经过此次的内讧，太平天国打倒清朝的希望完全消灭。以后洪秀全尚能抵抗八年，一则因为北方有大股捻匪作他的声援，二则因为他得了两个后起的良将，忠王李秀成和英王陈玉成。

在清朝方面，等到别人都失败了，然后重用曾国藩，任他为两江总督，节制江、浙、皖、赣四省军事。湖北巡抚胡林翼是与他志同道合的，竭力与他合作。他的亲弟曾国荃是个打硬仗的前线指挥。以后曾国藩举荐他的门生李鸿章作江苏巡抚，他的朋友左宗棠作浙江巡抚。长江的中游和下游都是他的势力范围，他于是得通盘筹划。他对于洪秀全采取大包围的战略。同时英、美、法三国也给了曾、左、李三人不少的帮助。同治三年（1864年）湘军在曾国荃领导之下打进南京，洪秀全自杀，太平天国就此亡了。

洪秀全想打倒清朝，恢复汉族的自由，这当然是我们应该佩服的。他想平均地权，虽未实行，也足表现他有相当政治家的眼光。他的运动无疑的是起自民间，连他的宗教，也是迎合民众心理的。但是他的人格上及才能上的缺点很多而且很大。倘若他成了功，他也不能为我民族造幸福。总而言之，太平天国的失败，证明我国旧式的民间运动是不能救国救民族的。

曾国藩所领导的士大夫式的运动又能救国救民族吗？他救了清朝，这是毫无疑问的。但是清朝并不能救中国，倘若他客观的诚实的研究清朝在嘉庆、道光、咸丰三代的施政，他应该知道它是不可救药的。他未尝不知道此中实情，所以他平定太平天国以后，他的态度反趋于消极了。平心而论，曾国藩要救清朝是很自然的，可原谅的。第一，中国的旧礼教既是他的立场，而且士大夫阶级是他的凭依，他不能不忠君。第二，他想清廷经过大患难之后，必能有相当觉悟。事实上同治初年的北京，因为有恭亲王及文祥二人主政，似乎景象一新，颇能有为。所以嘉、道、咸三代虽是多难的时代，同治年间的清朝确有中兴的气象。第三，他怕清朝的灭亡要引起长期的内乱。他是深知中国历史的，我国几千年来，每次换过朝代，总要经过长期的割据和内乱，然后天下得统一和太平。在闭关自守，无外人干涉的时代，内战虽给人民无穷的痛苦，尚不至于亡国。到了十九世纪，有帝国主义者绕环着，长期的内战就能引起亡国之祸，曾国藩所以要维持清朝，最大的理由在此。

在维持清朝作为政治中心的大前提之下，曾国藩的工作分两方面进行。一方面他要革新，那就是说，他要接受西洋文化的一部分；另一方面他要守旧，那就是说，恢复我国固有的美德。革新守旧，同时举行，这是曾国藩对我国近代史的大贡献。我们至今还佩服曾文正公就是因为他有这种伟大的眼光。徒然恢复我国的旧礼教而不接受西洋文化，我们还不能打破我民族的大难关，因为我们绝不能拿礼义廉耻来抵抗帝国主义者的机械军器和机械制造。何况旧礼教本身就有他的不健全的地方，不应完全恢复，也不能完全恢复呢？同时徒然接受西洋文化而不恢复我国固有的美德，我们也不能救国救民族，因为腐化的旧社会和旧官僚根本不能举办事业，无论这个事业是新的，或是旧的。

曾国藩的革命事业，我们留在下一章讨论。他的守旧事业，我们在前一节里，已经说过。现在我们要指出他的守旧事业的流弊。湘军初起的时候，精神纪律均好，战斗力也高。后来人数多了，事业大了，湘军就退化了。收复南京以后，曾自己就承认湘军暮气很深，所以他遣散了好多。足证我国治军的旧法根本是有毛病的。此外湘军既充满了宗族观念和家乡观念，兵士只知道有直接上级长官，不知道有最高统帅，更不知道有国家。某回，曾国荃回家乡去招兵，把原有的部队交曾国藩暂时管带。这些部队就不守规矩。国藩没有法子，只好催国荃赶快回营。所以湘军是私有军队的开始。湘军的精神以后传给李鸿章所部的淮军，而淮军以后又传给袁世凯的北洋军。我们知道民国以来的北洋军阀利用私有的军队，割据国家，阻碍统一。追究其祸根，我们不能不归咎于湘军。于此也可看出旧法子的毛病。

第三章 自强及其失败

第一节 内外合作以求自强

恭亲王及文祥从英法联军的经验，得了三种教训。第一，他们确切的认识西洋的军器和练兵的方法远在我们之上。咸丰十年，担任京津防御者是僧格林沁和胜保。这两人在当时是有名的大将。他们惨败了以后，时人只好承认西洋军队的优胜。第二，恭亲王及文祥发现西洋人不但愿意卖军器给我们，而且愿意把制造军器的秘密及训练军队的方法教给我们。这颇出于时人意料之外。他们认为这是我们自强的机会。第三，恭亲王及文祥发现西洋人并不是他们以先所想象那样，“狼子野心，不守信义”。英法的军队虽然占了北京，并且实力充足，能为所欲为，但《北京条约》订了以后，英法居然依据条约撤退军队，交还首都。时人认为这是了不得的事情，足证西洋人也守信义，所以对付外人并不是全无办法的。

从这三种教训，恭亲王及文祥定了一个新的大政方针，第一，他们决定以夷器和夷法来对付夷人。换句话说，他们觉得中国应该接受西洋文化之军事部分。他们于是买外国军器，请外国教官。他们说，这是中国的自强之道。第二，他们知道自强不是短期内所能成立的。在自强没有达到预期的程度以前，中国应该谨守条约以免战争。恭亲王及文祥都是有血性的人，下了很大的决心要推行他们的新政，在国家危急的时候他胆敢出来与外人周旋，并且专靠外交的运用，他们居然收复了首都。时人认为这是他们的奇功。并且恭亲王是咸丰的亲弟，同治的亲叔。他们的地位是全朝最亲贵的，有了他们的决心和资望，他们在京内成了自强运动的中心。

同时在京外的曾国藩、左宗棠、胡林翼、李鸿章诸人也得着同样的教训，最初使他们注意的是外人所用的轮船，在长江下游私运军火粮食卖给太平军。据说胡林翼在安庆曾有过这样的经验：

> 驰至江滨，忽见二洋船，鼓轮西上，迅如奔马，疾如飘风，文忠（即胡）变色不语，勒马回营，中途呕血，几至堕马，阎丹初尚书向在文忠幕府，每与文忠论

及洋务，文忠辄摇手闭目神色不怡者久之，曰，此非吾辈所能知也。

可见轮船给胡文忠印象之深，曾、左、李大致相同。曾在安庆找了几位明数理的旧学者和铁匠木匠去试造轮船，造成了以后不能行动。左在杭州作了同样的试验，得同样的结果，足证这般人对于西洋机械的注重。

在长江下游作战的时候，太平军和湘军淮军都竞买洋枪。李鸿章设大本营于上海与外人往来最多，认识西洋文化亦比较深切，他的部下还有英国军官戈登（Gordon）统带的长胜军。他到了上海不满一年，就写信给曾国藩说：

鸿章尝往英法提督兵船，见其大炮之精纯，子药之细巧，器械之鲜明，队伍之雄整，实非中国所能及。……深以中国军器远逊外洋为耻，日戒谕将士虚心忍辱，学得西人一二秘法，期有增益……若驻上海久而不能资取洋人长技，咎悔多矣。

同治三年（1864年）他又写给恭亲王和文祥说：

鸿章窃以为天下事穷则变，变则通。中国士大夫沉浸于章句小楷之积习，武夫悍卒又多粗蠢而不加细心，以致用非所学，学非所用。无事则斥外国之利器为奇技淫巧，以为不必学，有事则惊外国之利器为变怪神奇，以为不能学。不知洋人视火器为身心性命之学者已数百年。一旦豁然贯通，参阴阳而配造化，实有指挥如意，从心所欲之快。……前者英法各国，以日本为外府，肆意诛求。日本君臣发愤为雄，选宗室及大臣子弟之聪秀者，往西国制器厂师习各艺，又购制器之器，在本国制习。现在已能驾驶轮船，造放炸炮。去年英人虚声恫愒，以兵临之。然英人所恃而为攻战之利者，彼已分擅其长，用是凝然不动，而英人固无如之何也。夫今之日本即明之倭寇也，距西国远而距中国近。我有以自立，则将附丽于我，窥伺西人之短长；我无以自强，则并效尤于彼，分西人之利薮。日本以海外区区小国，尚能及时改辙，知所取法。然则我中国深维穷极而通之故，夫亦可以皇然变计矣。……杜挚有言曰：利不百，不变法。功不十，不易器。苏子瞻曰言之于无事之时，足以为名，而恒苦于不信；言之于有事之时，足以见信，而已苦于无及。鸿章以为中国欲自强则莫如学习外国利器。欲学习外国利器，则莫如觅制器之器，师其法而不必尽用其人。欲觅制器之器，与制器之人，则我专设一科取士，士终身悬以为富贵功名之鹄，则业可成，业可精，而才亦可集。

这封信是中国十九世纪最大的政治家，最具历史价值的一篇文章。我们应该再三诵读。李鸿章第一认定我国到了十九世纪惟有学西洋的科学机械然后能生存。第二，李鸿章在同治三年已经看清中国与日本，孰强孰弱，要看哪一国变的快。日本明治维新运动的世界的历史的意义，他一下就看清了，并且大声疾呼的要当时的人猛醒与努力。这一点尤足以表现李鸿章的伟大。第三，李鸿章认定改革要从培养人才下手，所以他要改革前清的科举制度。不但此也；他简直要改革士大夫的人生观。他要士大夫放弃章句小楷之积习，而把科学工程悬为终身富贵的鹄的。因为李鸿章认识时代之清楚，所以他成了同治、光绪年间自强运动的中心人物。

在我们这个社会里，作事极不容易。同治年间起始的自强运动，虽未达到目的，然而能有相当的成绩，已经费了九牛二虎之力。倘若当时没有恭亲王及文祥在京内主持，没有曾国藩、李鸿章、左宗棠在京外推动，那么，英法联军及太平天国以后的中国还要麻木不仁，好像鸦片战争以后的中国一样。所以我们要仔细研究这几位时代领袖人物究竟作了些什么事业。

第二节　步步向前进

自强的事业颇多，我先择其要者列表于下：

咸丰十一年　恭亲王及文祥聘请外国军官训练新军于天津。

同年　恭亲王和文祥设立同文馆于北京。是为中国新学的起始。

同年　恭亲王和文祥托总税司赫德（Robert Hart）购买炮舰，聘请英国海军人员来华创设新水师。

同治二年　李鸿章设外国语文学校于上海。

同治四年　曾国藩、李鸿章设江南机器制造局于上海，附设译书局。

同治五年　左宗棠设造船厂于福州，附设船政学校。

同治九年　李鸿章设机器制造局于天津。

同治十一年　曾国藩、李鸿章挑选学生赴美国留学。

同年　李鸿章设轮船招商局。

光绪元年　李鸿章筹办铁甲兵船。

光绪二年　李鸿章派下级军官赴德学陆军，船政学生赴英、法学习造船和驾船。

光绪六年　李鸿章设水师学堂于天津，设电报局，请修铁道。

光绪七年　李鸿章设开平矿务局。

光绪八年　李鸿章筑旅顺军港，创办上海机器制布厂。

光绪十一年　李鸿章设天津武备学堂。

光绪十三年　李鸿章开办黑龙江漠河金矿。

光绪十四年　李鸿章成立北洋海军。

以上全盘建设事业的动机是国防，故军事建设最多。但我们如仔细研究就知道国防的近代化牵连甚多。近代化的军队第一需要近代化的军器，所以有江南及天津两个机械制造厂的设立。那两个厂实际大部分是兵工厂。第二，新式军器必须有技术人材去驾使，所以设立武备学堂，和派遣军官出洋留学。第三，近代化的军队必须有近代化的交通，所以有造船厂和电报局的设立，及铁路的建筑。第四，新式的国防比旧式的费用要高几倍。以中古的生产来负担近代的国防是绝对不可能的。所以李鸿章要办招商局，来经营沿江沿海的运输，创立制布厂来挽回权利，开煤矿金矿来增加收入。自强运动的领袖们并不是事前预料到各种需要而定一个建设计划。他们起初只知道国防近代化的必要。但是他们在这条路上前进一步以后，就发现必须再进一步；再进一步以后，又必须更进一步。其实必须走到尽头然后能生效。近代化的国防不但需要近代化的交通、教育、经济，并且须要近代化的政治和国民。半新半旧是不中用的。换句话说：我国到了近代要图生存非全盘接受西洋文化不可。曾国藩诸人虽向近代化方面走了好几步，但是他们不彻底，仍不能救国救民族。

第三节　前进遇着阻碍

曾国藩及其他自强运动的领袖虽走的路线不错，然而他们不能救国救民族。此其故何在？在于他们的不彻底。他们为什么不彻底呢？一部分因为他们自己不要彻底，大部分因为时代不容许他们彻底。我们试先研究领袖们的短处。

恭亲王奕䜣、文祥、曾国藩、李鸿章、左宗棠这五个大领袖都出身于旧社会，受的是旧教育。他们没有一个人能读外国书，除李鸿章以外，没有一个人到过外国。就是李鸿章的出洋尚在甲午战败以后，他的建设事业已经过去了。这种人能毅然决然推行新事业就了不得，他们不能完全了解西洋文化是自然的，很可原谅的。他们对于西洋的机械是十分佩服的，十分努力要接受的。他们对于西洋的科学也相当尊重，并且知道科学是机械的基础。但是他们自己毫无科学机械的常识，此外更不必说了。他们觉得中国的政治制度及立国精神是至善至美，无须学西洋的。事实上他们的建设事业就遭了旧的制度和旧的精神的阻碍。我们可以拿李鸿章的事业作例子。

李鸿章于同治九年（1870年）起始作直隶总督兼北洋大臣。因为当时要人之中以他最能对付外人，又因为他比较勇于任事，而且他的淮军是全国最近代化最得力的军队，所以从同治九年到光绪二十年的中日战争李鸿章是那个时代的中心人物。国防的建设全在他手里。他特别注重海军，因为他看清楚了如果中国能战胜日本海军，无论日本陆军如何强，不能进攻高丽，更不能为害中国。那么，李鸿章办海军第一个困难是经费。经费所以困难就是因为中国当时的财政制度，如同一般的政治制度是中古式的。中央政府没有办海军的经费，只好靠各省协济。各省都成见很深，不愿合作。在中央求各省协助的时候各省务求其少；认定了以后，又不能按期十足拨款，总要延期打折扣。其次当时皇室用钱，漫无限制，而且公私不分。同治死了以后，没有继嗣，于是西太后选了一个小孩子作皇帝，年号光绪，而实权还不是在西太后手里。等到光绪快要成年亲政的时候，光绪和他的父亲醇亲王奕譞怕西太后不愿意把政权交出来，醇亲王定计重修颐和园，一则以表示光绪对西太后的孝敬，一则使西太后沉于游乐就不干政了。重修颐和园的经费很大，无法筹备，醇亲王乃请李鸿章设法。李氏不敢得罪醇亲王，更不敢得罪西太后，只好把建设海军的款子移作重修颐和园之用。所以在甲午之战以前的七年，中国海军没有添订过一只新船。在近代政治制度之下，这种事情是不能发生的。

在李鸿章所主持之机关中并没有新式的文官制度和审计制度。就是在极廉洁极严谨的领袖之下，没有良好的制度，贪污尚且无法杜绝，何况李氏本人就不廉洁呢？在海军办军需的人经手的款项既多，发财的机会就更大。到了甲午战争的时候，我们船上的炮虽比日本的大，但炮弹不够，并且子弹所装的不尽是火药。外商与官吏狼狈为奸，私人发了财，国事就败坏了。

李鸿章自己的科学知识的幼稚，也是他的事业失败的原故之一。北洋海军初成立的时候，他请了英国海军有经验的军官作总教官和副司令。光绪十年左右，中国海军纪律很严，操练很勤，技术的进步很快，那时中国的海军是很有希望的。后来李鸿章误听人言，辞退英国海军的军官而聘请德国陆军骑兵的军官来作海军的总教官，以后我国的海军的技术反而退步。并且李鸿章所用的海军总司令是个全不知海军的丁汝昌，丁氏原是淮军带马队的。他作海军的领袖当然只能误事，不能成事。甲午战争的时候，中国海军占世界海军的第八位，日本的海军占第十一位。我们的失败不是因为船不如人，炮不如人，为战略战术不如人。

北洋海军的情形如此，其他的自强事业莫不如此。总之，同治、光绪年间的自强运动所以不能救国，不是因为路线错了，是因为领袖人物还不够新，所以不能彻底。

但是倘若当时的领袖人物更新，更要进一步的接受西洋文化，社会能容许他们吗？社会一定要给他们更大的阻碍。他们所行的那种不彻底的改革已遭一般人的反对，若再进一步，反对一定更大。譬如铁路：光绪六年（1880年）李鸿章、刘铭传奏请建筑，到了光绪二十年还只建筑天津附近的一小段。为什么呢？因为一般人相信修铁路就破坏风水。又譬如科学：同治五年（1866年）恭亲王在同文馆添设科学班，请外国科学家作教授，招收翰林院的人员作学生。他的理由是很充足的。他说买外国轮船枪炮不过一时权宜之计，治本的办法在于自己制造。但是要自己制造，非有科学的人才不可。所以他想请外国人来教中国青年学习科学。他又说：

夫天下之耻，莫耻于不若人。……日本蕞尔小国尚知发愤为雄。独中国狃于因循积习，不思振作，耻孰甚焉？今不以不如人为耻，而独以学其人为耻，将安于不如，而终不学，遂可雪其耻乎？

他虽说的名正言顺，但还有人反对。当时北京有位名高望重的大学士倭仁就大声疾呼的反对说：

窃闻立国之道，尚礼义不尚权谋；根本之图在人心，不在技艺。今求之一艺之末而又奉夷人为师，无论夷人诡谲，未必传其精巧，即使教者诚教，所成就者不过术数之士。古今来未闻有恃术数而能起衰振弱者也。天下之大，不患无才。如以天文算学必须讲习，博采旁求必有精其术者，何必夷人？何必师事夷人？

恭亲王愤慨极了。他回答说：

该大学士既以此举为窒碍，自必别有良图，如果实有妙策，可以制外国而不为外国所制，臣等自当追随大学士之后，竭其梼昧，悉心商办。如别无良策，仅以忠信为甲胄，礼义为干橹等词，谓可折冲樽俎，足以制敌之命，臣等实未敢信。

倭仁不过是守旧的糊涂虫，但是当时的士大夫居然听了他的话，不去投考同文馆的科学班。

同治光绪年间的社会，如何反对新人新政，我们从郭嵩焘的命运可以更加看得清楚。郭氏的教育及出身和当时一般士大夫一样，并无特别，但是咸丰末年英法联军之役，他跟着僧格林沁在大沽口办交涉，有了那次经验，他根本觉悟，知道中国非彻底改革不可。他的觉悟还比恭亲王诸人的更深刻。据他的研究，我们在汉、唐极盛时代固常与外族平等往来；闭关自守而又独自尊大的哲学，是南宋势力衰弱时代的理学先生们提倡出来的，绝不足以为训。同治初年，江西南昌的士大夫群起毁教堂，杀传教士。巡抚沈葆桢（林则徐的女婿）称赞士大夫的正气，郭嵩焘则斥责沈氏顽固。郭氏作广东巡抚的时候，汕头的人，像以先广州人，不许外国人进城。他不顾一切，强迫汕头人遵守条约，许外国人进城。光绪元年云贵总督岑毓英因为反对英国人进云南，秘密在云南缅甸边境上把英国使馆的翻译官杀了。郭嵩焘当即上奏弹劾岑毓英。第二年，政府派他出使英法，中国有公使驻外从他起。他在西欧的时候，他努力研究西洋的政治、经济、社会，他觉得不但西洋的轮船枪炮值得我们学习，就是西洋的政治制度和一般文化都值得学习。他发表了他的日记，送给朋友们看。他常写信给李鸿章，报告日本派到西洋的留学生不限于机械一门，学政治、经济的都有。他劝李鸿章扩大留学范围。他的这些超时代的议论，引起了全国士大夫的谩骂。他们说郭嵩焘是个汉奸，“有二心于英国”。湖南的大学者如王闿运之流撰了一副对子骂他：

出乎其类，拔乎其萃，不容于尧舜之世。

未能事人，焉能事鬼，何必去父母之邦。

王闿运的日记还说：“湖南人至耻与为伍。”郭嵩焘出使两年就回国了。回国的时候，没有问题，他是全国最开明的一个人，他对西洋的认识远在李鸿章之上。但是时人反对他，他以后全无机会作事，只好隐居湖南从事著作。他所著的《养知书屋文集》至今尚有披阅的价值。

继郭嵩焘作驻英法公使的是曾纪泽。他在外国五年多，略识英语。他的才能眼光与郭嵩焘等。因为他运用外交，从俄国收回伊犁，他是国际有名的外交家。他回国的时候抱定志向要推进全民族的近代化。却是他也遭时人的反对，找不着机会作事，不久就气死了。

同光时代的士大夫阶级的守旧既然如此，民众是否比较开通，其实民众和士大夫阶级是同鼻孔出气的。我们近六十年来的新政都是自上而下，并非由下而上。一切新的事业都是由少数先知先觉者提倡，费尽苦心，慢慢的奋斗出来的。在甲午以前这少数先知先觉者都是在朝的人。甲午以后，革新的领袖权慢慢的转到在野的人的手里，却是这些在野的领袖都是知识分子，不是民众。严格说来，民众的迷信是我民族近代接受西洋文化大阻碍之一。

第四节　士大夫轻举妄动

在同治、光绪年间，民众的守旧虽在士大夫阶级之上，但是民众是被动的，领导权统治权是在士大夫阶级手里。不幸，那个时代的士大夫阶级，除极少数外，完全不了解当时的世界大势。

同治共十三年，从一八六二年到一八七四年。在这个时期内，德意志统一了，意大利统一了，美国的中央政府也把南方的独立运动消灭，恢复而又加强美国的统一了。那个时期是民族主义在西洋大成功的时期。这些国家统一了以后，随着就是国内的大建设和经济的大发展。在同治以前，列强在国外行帝国主义的，仅英、俄、法三国。同治以后，加了美、德、意三国。竞争者多了，竞争就愈厉害。并且在同治以前，英国是世界上惟一的工业化国家，全世界都销英国的制造品。同治以后，德、美、法也逐渐工业化，资本化了。国际上除了政治势力的竞争以外，又有了新起的热烈的经济竞争。我国在光绪年间处境的困难远在道光、咸丰年间之上。

帝国主义是我们的大敌人。同治光绪年间如此，现在还是如此。要救国的志士应该人人了解帝国主义的真实性质。帝国主义与资本主义是有关系的。关系可以说有三层：第一，资本主义的国家贪图在外国投资。国内的资本多了，利息就低。譬如：英美两国资本很多，资本家能得百分之四的利息就算很好了。但是如果英美的资本家能把资本投在中国或印度或南美洲，年利很容易达到百分之七或更高些。所以英美资本家竞向未开发的国家投资。但是接受外国来的资本不一定有害，英美的资本家也不一定有政治野心。美国在十九世纪的下半期的建设大部分是利用英国资本举办的。结果英国的资本家固然得了好处，但是美国开辟了富源，其人民所得的好处更多。我们的平汉铁路原是借比国资本建筑的。后来我们按期还本付息，那条铁路就变为我们的了。比国资本家得了好处，我们得了更大的好处。所以孙中山先生虽反对帝国主义，他赞成中国利用外债来建设。但是有些资本家要利用政治的压力去得投资的机会，还有政治野心家要用资本来扩充政治势力。凡是国际投资有政治作用的，就是侵略的，帝国主义的。凡是国际投资无政治作用的，就是纯洁的，投资者与受资者两方均能收益。所以我们对于外国的资本应采的态度如同对水一样，有的时候，有的地方，在某种条件之下。我们应该掘井取水，或开河引水；在别的时候、地方和条件之下，我们则必须筑堤防水。

帝国主义与资本主义的第二层关系是商业的推销。资本主义的国家都利用机械制造。工厂规模愈大，出品愈多，得利就更厚。困难在市场。各国竞争市场原可以专凭商品之精与价格之廉，不必靠武力的侵略或政治的压力。但在十九世纪末年，国际贸易的自由一天少一天。各国不但提高本国的关税，并且提高属地的关税。这样一来，商业的发展随着政权的发展，争市场等于争属地。被压迫的国家，一旦丧失关税自主，就永无发展工业的可能。虽然，国际贸易大部分还是平等国家间之贸易，不是帝国与属地之间的贸易。英国与美、德、法、日诸国的贸易额，远大于英国与其属地的贸易额。英国的属地最多，尚且如此，别国更不必说了。

帝国主义与资本主义的第三层关系是原料的寻求。世界上没有一国完全不靠外来的原料。最富有原料的国家如英、美、俄尚且如此，别的国家所需的外来原料更多。日本及意大利是最穷的。棉、煤、铁、油四种根本的原料，日、意都缺乏。德国较好，但仍不出棉和石油。那么，一国的工厂虽多，倘若没有原料，就会完全没有办法。所以帝国主义者，因为要找工业的原料，就大事侵略。虽然，资本主义不一定要行帝国主义而后始能得到原料。同时，出卖原料者不一定就是受压迫者。譬如：美国的出口货之中，石油和棉花是大宗。日本、德国、意大利从美国输入石油和棉花，不能，也不必行帝国主义，因为美国不但不禁止石油和棉花的出口，且竭力推销。

总之，资本主义可变为帝国主义，也可以不变为帝国主义。未开发的国家容易受资本主义的国家的压迫和侵略，也可以利用外国的资本来开发自己的富源及利用国际的通商来提高人民的生活程度。资本主义如同水一样：水可以资灌溉，可以便利交通，也可以成灾，要看人怎样对付。

同时我们不要把帝国主义看得过于简单，以为世界上没有资本主义就没有帝国主义了。七百年以前的蒙古人还在游牧时代，无资本也无工业，但是他们对我的侵略，还在近代资本主义国家之上。三百年以前的满洲人也是如此。在西洋方面，中古的亚拉伯人以武力推行回教，大行其宗教的帝国主义。十八世纪末年法国革命家以武力强迫外国接受他们的自由平等，大行其革命的帝国主义。据我们所知，历史上各种政体，君主也好，民主也好，各种社会经济制度，资本主义也好，封建主义也好，共产主义也好，都有行帝国主义的可能。

同光时代的士大夫完全不了解时代的危险及国际关系的运用。他们只知道破坏李鸿章诸人所提倡的自强运动。同时他们又好多事，倘若政府听他们的话，中国几无年无日不与外国打仗。

长江流域有太平天国之乱的时候，北方有捻匪，陕、甘、新疆有回乱，清廷令左宗棠带湘军去收复西北。俄国趁我回乱的机会就占领了伊犁。这是俄国趁火打劫的惯技。在十九世纪，俄国占领我们的土地最多。咸丰末年，俄国趁太平天国之乱及英法联军，强占我国黑龙江以北及乌苏里以东的地方，共三十万方英里。现在俄国的阿穆尔省及滨海省包括海参崴在内，就是那次抢夺过去的。在同治末年。俄国占领新疆西部，清廷提出抗议的时候，俄国又假仁假义的说，他全无领土野心，他只代表我们保守伊犁，等到我们平定回乱的时候。他一定把土地退还给我们。其实俄国预料中国绝不能平定回乱，中国势力绝不能再伸到新疆。那么俄国不但可以并吞伊犁，还可以蚕食全新疆。中国一时没有办法，只好把伊犁作为中俄间的悬案。

左宗棠军事的顺利不但出于俄国意料之外，还出于我们自己的意料之外。他次第把陕西甘肃收复了。到了光绪元年，他准备进攻新疆，军费就成了大问题。从道光三十年（1850年）洪秀全起兵到光绪元年（1875年），二十五年之间，中国无时不在内乱内战之中，实已兵疲力尽，何能再经营新疆呢？并且交通不便，新疆民族复杂，面积浩大，成败似乎毫无把握。于是发生大辩论，左宗棠颇好大喜功，他一意主进攻。他说祖宗所遗留的土地，子孙没有放弃的道理，他又说倘若新疆不保，陕甘就不能保，陕甘不保，山西就不能保，山西不保，河北就不能保。他的理由似乎充足，言论十分激昂。李鸿章的看法正与左的相反。李说自从乾隆年间中国占领新疆以后，中国没有得着丝毫的好处，徒费驻防的兵费。这是实在的情形。他又说中国之大祸不在西北而在东边沿海的各省，因为沿海的省份是中国的精华，而且帝国主义者的压迫在东方的过于在西方的。自从日本维新以后，李鸿章更加焦急。他觉得日本是中国的真敌，因为日本一心一意谋我，他无所图，而且相隔既近，动兵比较容易。至于西洋各国彼此互相牵制，向外发展不限于远东，相隔又远，用兵不能随便。李鸿章因此主张不进攻新疆而集中全国人力物力于沿海的国防及腹地各省的开发。边省虽然要紧，但是腹地倘有损失，国家大势就去了。反过来说，倘若腹地强盛起来，边省及藩属自然的就保存了。左宗棠的言论比较动听，李的比较合理，左是高调，李是低调。士大夫阶级一贯的尚感情，唱高调，当然拥护左宗棠。于是借外债，移用各省的建设费，以供左宗棠进攻新疆之用。

左宗棠的运气真好。因为新疆发生了内讧，并没有遇着坚强的抵抗。光绪三十年底，他把全疆克服了。中国乃派崇厚为特使，到俄国去交涉伊犁的退还。崇厚所定的条约虽收复了伊犁城，但城西的土地几全割让与俄国，南疆及北疆之交通险要区亦割让。此外，崇厚还许了很重要的通商权利，如新疆加设俄国领事馆，经甘肃陕西到汉口的通商路线，及吉林松花江的航行权。士大夫阶级主张杀崇厚，废约，并备战。这正是青年言论家如张之洞、张佩纶、陈宝琛初露头角的时候。清廷竟为所动。于是脚慌手忙，调兵遣将，等到实际备战的时候，政府就感觉困难了：第一，从伊犁到高丽东北角的图们江止，沿中俄的交界线处处都要设防。哪里有这么多军队呢？首当其冲的左宗棠在新疆的部队，就太疲倦，不愿打仗。第二，俄国远东舰队故作声势，从海参崴开到日本洋面。中国因此又必须于沿海沿长江设防。清廷乃起用彭玉麟督长江水师来对付俄国的海军。彭玉麟想满载桐油木柴到日本洋面去施行火攻。两汉总督刘坤一和他开玩笑，说时代非三国，统帅非孔明，火攻之计，恐怕不行呢！李鸿章看见书生误国，当然极为愤慨。可是抗战的情绪很高，他不敢公开讲和。他只好使用手段。他把英国有名的军官戈登将军请来作军事顾问。戈登是个老实人，好说实话。当太平天国的末年，他曾带所谓常胜军，立功不少。所以清廷及一般士大夫颇信任他。他的意见怎样呢？他说，中国如要对俄作战，必须作三件事：一、迁都于西安；二、长期抗战至少十年；三、满人预备放弃政权，因为在长期战争之中，清政权一定不能维持。清廷听了戈登的意见以后，乃决心求和。我国近代史的一幕滑稽剧才因此没有开演。

幸而俄国在光绪三四年的时候，正与土耳其打仗，与英国的关系也很紧张，所以不愿多事。又幸而中国当时有青年外交家曾纪泽，以极冷静的头脑和极坚强的意志，去贯彻他的主张。原来崇厚所订的条约并没有华政府的批准，尚未正式成立，曾纪泽运用外交得法，挽回了大部分的通商权利及土地，但偿价加倍，共九百万卢布。英国驻俄大使称赞曾纪泽说："凭外交从俄国取回她已占领的土地，曾侯要算第一人。"

中俄关于伊犁的冲突告一段落的时候，中法关于越南的冲突就起了。

中国原来自己是个帝国主义，我们的版图除本部以外，还包括缅甸、暹罗、越南、琉球、高丽、蒙古、西藏，这些地方可以分为两类。蒙古、西藏属于第一类，归理藩部管，朝廷派有大臣驻扎其地。第二类即高丽越南等属国，实际中国与他们的关系很浅，他们不过按期朝贡，新王即位须受中国皇帝的策封。此外我们并不派代表常驻其国都，也不干涉他们的内政，在经济方面，我们也十分消极。我们不移民，也不鼓励通商，简直是得不偿失。但是我们的祖先何以费力去得这些属地呢？此中也有原故：光绪七年（1881年）翰林院学士周德润先生说得清楚：

> 臣闻天子守在四夷，此诚虑远忧深之计。古来敌国外患，伏之甚微，而蓄之甚早。不守四夷而守边境，则已无及矣；不守边境而守腹地，则更无及矣。我朝幅员广辟，龙沙雁海，尽列藩封。以琉球守东南，以高丽守东北，以蒙古守西北，以越南守西南：非所谓山河带砺，与国同休戚者哉？

换句话说，在历史上属国是我们的国防外线，是代我守门户的。在古代，这种言论有相当的道理；到了近代，局势就大不同了。英国在道光年间直攻了广东、福建、浙江、江苏，英法联军直打进了北京，所谓国防外线简直没有用处。倘使在这种时代我们还要保存外线，我们也应该变更方案。我们应该协助这些弱小国家独立，因为独立的高丽、琉球、越南、缅甸绝不能侵略我们。所怕的不是他们独立，是怕他们作帝国主义者的傀儡。无论如何，外人既直攻我们的腹地，我们无暇去顾外线了。协助这些弱小国家去独立是革命的外交，正如苏联革命的初年，外受列强的压迫，内有反革命的抗战，列宁（Lenin）于是毅然决然放弃帝俄的属国。

法国进攻越南的时候，士大夫阶级大半主张以武力援助越南。张佩纶、陈宝琛、张之洞诸人特别激昂。李鸿章则反对。他的理由又是要集中力量火速筹备腹地的国防事业。清廷一方面怕清议的批评，一方面又怕援助越南引起中法战争，所以举棋不定。起初是暗中接济越南军费和军器，后来果然引起中法战争。那个时候官吏不分文武，文人尤好谈兵。北京乃派主战派的激烈分子张佩纶去守福州船厂。陈宝琛去帮办两江的防务。用不着说，纸上谈兵的先生们是不济事的。法国海军进攻船厂的时候，张佩纶逃得顶快了。陈宝琛在两江不但无补实际，连议论也不发了。打了不久就讲和，和议刚成又打，再后还是接受法国的条件。越南没有保存，我们的国防力量反大受了损失。左宗棠苦心创办的福州船厂就在此时被法国毁了。

第五节　中日初次决战

李鸿章在日本明治维新的初年就看清楚了日本是中国的劲敌。他并且知道中国的胜负要看哪一国的新军备进步的快。他特别注重海军，因为日本必须先在海上得胜，然后能进攻大陆。所以他反对左宗棠以武力收复新疆，反对为伊犁问题与俄国开战，反对为越南问题与法国打仗。他要把这些战费都省下来作为扩充海军之用。他的眼光远在一般人之上。

李鸿章既注重中日关系，不能不特别注意高丽。在国防上高丽的地位极其重要，因为高丽作敌人陆军侵略我东北的根据地，也可以作敌人海军侵略我山东河北的根据地。反过来看，高丽在日本的国防上的地位也很要紧。高丽在我们手里，日本尚感不安，一旦被俄国或英国所占，那时日本所感的威胁就更大了。所以高丽也是日本必争之地。

在光绪初年，高丽的国王李熙年幼，他的父亲大院君李昰应摄政。大院君是个十分守旧的人，他屡次杀传教士，他坚决不与外人通商。在明治维新以前，日韩关系，在日本方面，由幕府主持，由对马岛之诸侯执行。维新以后，大权归日皇，所以日韩的交涉也改由日本中央政府主持。大院君厌恶日本的维新，因而拒绝与新的日本往来。日本国内的旧诸侯武士们提倡“征韩”。这种征韩运动，除了高丽不与日本往来外，还有三个动机：（一）日本不向海外发展不能图强；（二）日本不先下手，西洋各国，尤其是俄国，恐怕要下手；（三）征韩能为一般不得志的武士谋出路。光绪元年（即日本明治八年）发生高丽炮击日本船的案子，所谓江华岛事件。主张征韩者更有所藉口。

当时日本的政治领袖如岩仓、大久保、伊藤、井上诸人原反对征韩。他们以为维新事业未发展到相当程度以前，不应轻举妄动的贪图向外发展。但是在江华岛事件发生以后，他们觉得无法压制舆论，不能不有所主动。于他们一面派黑田青隆及井上率舰队到高丽去交涉通商友好条约，一面派森有礼来北京试探中国的态度，并避免中国的阻抗。

森有礼与我们的外交当局大起辩论。我们始终坚持高丽是我们的属国：如日本侵略高丽，那就是对中国不友谊，中国不能坐视。森有礼则说中国在朝鲜的宗主权是有名无实的，因为中国在高丽不负任何责任，就没有权利。

黑田与井上在高丽的交涉成功。他们所订的条约承认高丽是独立自主的国家。这就是否认中国的宗主权，中国应该抗议，而且设法纠正。但是日本和高丽虽都把条文送给中国，北京没有向日本提出抗议，也没有责备高丽不守本分。中国实为传统观念所误。照中国传统观念，只要高丽承认中国为宗主，那就够了。第三国的承认与否是无关宏旨的。在光绪初年中国在高丽的威信甚高，所以政府很放心，就不注意日韩条约了。

高丽与日本订约的问题过了以后，中日就发生琉球的冲突。琉球自明朝洪武十五年（1382年）起隶属于中国。历五百余年，琉球按期进贡，曾未中断，但在明万历三十年（1602年）琉球又向日本萨末诸侯称藩，成了两属，好像一个女子许嫁两个男人。幸而这两个男人曾未遇面，所以这种奇怪现象竟安静无事的存在了二百七十多年。自日本维新，力行废藩以后，琉球在日本看来，既然是萨末的藩属，也在应废之列。日本初则阻止琉球入贡中国，终则改琉球为日本一县。中国当然反对，也有人主张强硬对付日本，但日本实在时候选的好，因为这正是中俄争伊犁的时候。中国无法，只好把琉球作为一个悬案。

可是琉球问题暴露了日本的野心。士大夫平素看不起日本的到这时也知道应该戒备了。日本既能灭琉球，就能灭高丽。琉球或可不争，高丽则势在必争。所以他们专意筹划如何保存高丽。光绪五六年的时候，中国可以说初次有个高丽政策。李鸿章认定日本对高丽有领土野心，西洋各国对高丽则只图通商和传教。在这种形势之下，英、美、法各国在高丽的权利愈多，他们就愈要反对日本的侵略。光绪五年李鸿章写给高丽要人李裕元的信说得很清楚：

> 为今之计，似宜用以毒攻毒以敌制敌之策，乘机次第与泰西各国立约，藉以牵制日本。彼日本恃其诈力，以鲸吞蚕食为谋，废灭琉球一事，显露端倪。贵国不可无以备之。然日本之所畏服者泰西也。以朝鲜之力制日本或虞其不足，以统与泰西通商制日本，则绰乎有余。

经过三年的劝勉与运动，高丽才接受这种新政。光绪八年春，由中国介绍，高丽与英、美、德、法订通商条约。

高丽不幸忽于此时发生内乱。国王的父亲大院君李昰应一面反对新政，一面忌王后闵氏家族当权。他于光绪八年六月忽然鼓动兵变，围攻日本使馆，诛戮闵族要人。李鸿章的谋士薛福成建议中国火速派兵进高丽，平定内乱，一则以表示中国的宗主权，一则以防日本。中国派吴长庆率所部淮军直入高丽京城。吴长庆的部下有两位青年，张謇和袁世凯。他们胆子很大，高丽的兵也没有抵抗的能力。于是他们把大院君首先执送天津，然后派兵占领汉城险要，几点钟的工夫，就把李昰应的军队打散了。吴长庆这时实际作高丽的主人翁了。后高丽许给日本赔款并许日本使馆保留卫队。这样，中日两国都有军队在高丽京都，形成对峙之势。

八年夏初之季，中国在汉城的胜利，使起许多人轻敌。张謇主张索性灭高丽。张佩纶和邓承修主张李鸿章在烟台设大本营，调集海陆军队，预备向日本宣战。张佩纶说：

> 日本自改法以来，民恶其上，始则欲复封建，继则欲改民政。萨、长二党争权相倾，国债山积，以纸为币，虽兵制步伍泰西，略得形似，然外无战将，内无谋臣。问其师船则以扶桑一舰为冠，固已铁蚀木窳，不耐风涛，余皆小炮小舟而已，去中国定远铁船、超勇、扬威远甚，问其兵数，则陆军四五万人，水军三四千人，犹且官多缺员，兵多缺额，近始杂募游惰，用充行伍，未经战阵，大半恇怯，又去中国淮湘各军远甚。

邓承修也是这样说：

> 扶桑片土，不过内地两行省耳。总核内府现银不满

五百万两。窘迫如此，何以为国？水师不满八千，船舰半皆朽败，陆军内分六镇，统计水陆不盈四万，而又举非精锐。然彼之敢于悍然不顾者，非不知中国之大也，非不知中国之富且强也，所恃者中国之畏事耳，中国之重发难端耳。

这两位自命为“日本通”者，未免看事太易。李鸿章看的比较清楚。他说：

彼自变法以来，一意媚事西人，无非欲窃其绪余，以为自雄之术。今年遣参议伊藤博文赴欧洲考察民政，复遣有栖川亲王赴俄，又分遣使聘意大利，驻奥匈帝国，冠盖联翩，相望于道，其注意在树交植党。西人亦乐其倾心亲附，每遇中日交涉事件，往往意存袒护。该国洋债既多，设有危急，西人为自保财利起见，或且隐助而护持之。

夫未有谋人之具，而先露谋人之形者，兵家所忌。日本步趋西法，虽仅得形似，而所有船炮略足与我相敌。若必跨海数千里与角胜负，制其死命，臣未敢谓确有把握。

第东征之事不必有，东征之志不可无。中国添练水师，实不容一日稍缓。昔年户部指拨南北洋海防经费，每岁共四百万两。无如指拨之财，非尽有著之款。统计各省关所解南北洋防费，约仅及原拨四分之一。可否请旨敕下户部总理衙门，将南北洋每年所收防费，核明实数，务足原拨四百万两之数。如此则五年之后，南北洋水师两枝当可有成。

这次大辩论终了之后，越南问题又起来了。张佩纶、邓承修诸人忽然忘记了日本，大事运动与法国开战。中、法战事一起，日本的机会就到了。这时高丽的党政军正成对垒之阵。一面有开化党，其领袖即洪英植、金玉均、朴泳孝诸人，其后盾即日本公使竹添进一郎。这一派是亲日的，想借日本之势力以图独立的。对面有事上党，领袖即金允植、闵泳翊、尹泰骏诸人，后盾是袁世凯。这一派是联华的，想托庇于我们的保护之下，以免日本及其他各国的压迫。汉城的军队有中国的驻防军和袁世凯代练的高丽军在一面，对面有日本使馆的卫队及日本军官所练的高丽军。在中法战争未起以前，开化党不能抬头，既起以后，竹添就大活动起来，说中国自顾不暇，哪能顾高丽？于是洪英植诸人乃决计大举。

光绪十年十月十七夜，洪英植设宴请外交团及高丽要人。

各国代表都到，惟独竹添称病不至。后忽报火警，在座的人就慌乱了。闵泳翊出门，被预埋伏兵士所杀。洪英植跑进王宫，宣称中国兵变，强迫国王移居，并召竹添带日兵进宫保卫。竹添这时不但无病，且亲率队伍入宫。国王到了开化党的手里以后，下诏召事上党领袖。他们一进宫就被杀了。于是宣布独立，派开化党的人组阁。

十月十九日，袁世凯带他所练的高丽兵及中国驻防汉城的军队进宫。中日两方就在高丽王宫里开战了。竹添见不能抵抗，于是撤退。王宫及国王又都到袁世凯手里。洪英植、朴泳孝被乱兵所杀，金玉均随着竹添逃到仁川，后投日本；政权全归事上党及袁世凯，开化党完全打散了。袁世凯这时候尚不满三十，忽当大事，因电报不通无法请示，只好便宜行事。他敢大胆的负起责任，制止对方的阴谋。难怪李鸿章从此看重他，派他作驻高丽的总代表。

竹添是个浪人外交家。他如果没有违反日本政府的意旨，至少他超过了他政府所定的范围。事变以后，日本政府以和平交涉对高丽，亦以和平交涉对中国。光绪十一年春，伊藤与李鸿章订《天津协定》，双方皆撤退驻高丽的军队，但高丽以后如有内乱，中日皆得调兵进高丽。

光绪十一年（1885年）英俄两国因为阿富汗的问题，几至开战。他们的冲突波及远东。英国为预防俄国海军从海参崴南下，忽然占领高丽南边之巨磨岛。俄国遂谋占领高丽东北的永兴湾。高丽人见日本不可靠，有与俄国暗通，求俄国保护者。在这种形势之下，英国感觉危险，日本更怕英俄在高丽得势。于是日本、英国都怂恿中国在高丽行积极政策。英国觉得高丽在中国手里与英国全无损害，倘到俄国手里，则不利于英国甚大。日本亦觉得高丽在中国手里他将来还有法子夺取；一旦到了俄国手里，简直是日本的致命之伤。所以这种形势极有利于我们，李鸿章与袁世凯遂大行其积极政策。

从光绪十一年到二十年，中国对高丽的政策完全是李鸿章和袁世凯的政策。他们第一紧紧的把握高丽的财政，高丽想借外债，他们竭力阻止。高丽财政绝无办法的时候，他们令招商局出面借款给高丽。高丽的海关，是由中国海关派员代为管理，简直可说是中国海关的支部。高丽的电报局是中国电报局的技术人员用中国的材料代为设立，代为管理的。高丽派公使到外国去，须先得中国的同意，到了外国以后，高丽的公使必须遵守三种条件：

> 一、韩使初至各国，应先赴中国使馆具报，请由中国钦差挈同赴外部，以后即不拘定。二、遇有朝会公宴酬

酢交际，韩使应随中国钦差之后。三、交涉大事关系紧要者，韩使应先密商中国钦差核示。

这种政策虽提高了中国在高丽的地位，但与光绪五年李鸿章最初所定的高丽政策绝对相反。最初李要高丽多与西洋各国往来，想借西洋的通商和传教的权利来抵制日本的领土野心。此时李、袁所行的政策是中国独占高丽。到了光绪十八九年，日本感觉中国在高丽的权利膨胀过甚，又想与中国对抗。中国既独占高丽的权利，到了危急的时候，当然只有中国独当其冲。

甲午战争直接的起因又是高丽的内乱。光绪二十年（即甲午，西历一八九四年）高丽南部有所谓东学党，聚众数千作乱，中日两国同时出兵，中国助平内乱，日本藉口保卫侨民及使馆。但东学党造乱的地方距汉城尚远，该地并无日本侨民，且日本派兵甚多，远超保侨所需之数。李鸿章知道日本另有野心，所以竭力先平东学党之乱，使日本无所藉口。但是内乱平定之后，日本仍不撤兵。日本声言高丽内乱之根在内政之不修明，要求中日两国共同强迫高丽改革内政。李不答应，因为这就是中日共管高丽。

这时日本舆论十分激烈，一意主战。中国舆论也激烈，要求李鸿章火速出兵，先发制人。士大夫觉得高丽绝不可失，因为失高丽就无法保东北。他们以为日本国力甚小：“倭不度德量力，敢与上国抗衡，实以螳臂挡车，以中国临之，直如摧枯拉朽。”李鸿章则觉得一调大兵，则双方势成骑虎，终致欲罢不能。但他对于外交又不让步。他这种军事消极，外交积极的办法，是很奇怪的，他有他的理由。俄国公使喀西尼（Cassini）答应了他，俄国必劝日本撤兵，如日本不听，俄国必用压服的方法。李觉得既有俄国的援助，不必对日本让步。殊不知喀西尼虽愿意给我援助，俄国政府不愿意。原来和战的大问题，不是一个公使所能负责决定的。等到李鸿章发现喀西尼的话不能兑现，中日外交路线已经断了，战事已经起始了。

中日两国同于七月初一宣战。八月十八（阳历九月十七）两国海军在高丽西北鸭绿江口相遇。那一次的海军战争是我民族在这次全面抗战以前最要紧的一个战争。如胜了，高丽可保，东北不致发生问题，而在远东中国要居上日本居下了。所以甲午八月十八的海军之战是个划时代的战争，值得我们研究。那时我国的海军力比日本海军大。我们的占世界海军第八位，日本占第十一位。我们的两个主力舰定远和镇远各七千吨；日本顶大的战舰不过四千吨。但日本的海军也有优点，日本的船比我们快，船上的炮比我们多，而且放的快。我们的船太参差不齐，日本的配合比较合用。所以从物质上说来，两国海军实相差不远。那一次我们失败的原故很多。第一，战略不如人。我方原定舰队排“人”字阵势，由定远镇远两铁甲船居先，称战斗之主力。海军提督丁汝昌以定远为坐舰，舰长是刘步蟾。丁本是骑兵的军官，不懂海军。他为人忠厚，颇有气节，李鸿章靠他不过作精神上的领导而已。刘步蟾是英国海军学校毕业的学生，学科的成绩确是上等的。而且颇识莎士比亚的戏剧，颇有所谓儒将的风度。丁自认不如刘，所以实际是刘作总指挥。等到两军相望的时候，刘忽下令把“人”字阵完全倒置，定远、镇远两铁甲船居后，两翼的弱小船只反居先。刘实胆怯，倒置的原故想图自全。这样一来阵线乱了，小船的人员都心慌了。而且日本得乘机先攻我们的弱点了。

其次，我们的战术也不及人。当时在定远船上的总炮手英人泰乐尔（Tyler）看见刘步蟾变更阵势，知道形势不好。他先吩咐炮手不要太远就放炮，不要乱放炮，因为船上炮弹不多，必命中而后放。吩咐好了以后，他上望台，站在丁提督旁边，准备帮丁提督指挥。但丁不懂英文泰乐尔不懂中文，两人只好比手势交谈。不久炮手即开火，而第一炮就误中自己的望台，丁受重伤，全战不再指挥，泰乐尔亦受轻伤。日本炮弹的准确远在我们的之上，结果，我海军损失过重，不敢再在海上与日人交锋。日人把握海权，陆军输送得行动自由，我方必须绕道山海关。其实海军失败以后，大事就去了。陆军之败更甚于海军。

次年三月，李鸿章与伊藤订《马关和约》。中国承允高丽独立，割台湾及辽东半岛，赔款二万万两。近代的战争固不是儿戏。不战而求和当然要吃亏，这一次要吃亏的是高丽的共管。但战败以后而求和，吃亏之大远过于不战而和。同治、光绪年间的政治领袖如曾、左、李及恭亲王、文祥诸人原想一面避战，一面竭力以图自强。不幸，时人不许他们，对自强事业则多方掣肘，对邦交则好轻举妄动，结果就是误国。

第四章　瓜分及民族之复兴

第一节　李鸿章引狼入室

甲午战争未起以前及既起以后，李鸿章用各种外交方法，想得西洋各国的援助，但都失败了。国际的关系，不比私人间的关系，是不讲理，不论情的。国家都是自私自利的。利害相同就结合为友，为联盟；利害冲突就成为对敌。各国的外交家都是精于打算盘的。西洋各国原想在远东大大的发展，但在甲午以前，没有积极推动，一则因为他们忙于瓜分非洲；二则因为他们互相牵制各不相下；三则因为在远东尚有中国与日本两个独立国家，具有相当的抵抗能力。在中日战争进行的时候，李鸿章虽千方百计的请求他们的援助，他们总是抱隔岸观火的态度，严守中立。他们觉得中国愈败，愈需要他们的援助，而且愈愿意出代价。同时他们又觉得日本虽打胜仗，战争总要削减日本的力量。在西洋人的眼光里，中日战争，无论谁败，实是两败俱伤的。他们反可坐收渔人之利。所以他们不援助我们于未败之前。

等到《马关条约》一签字，俄、德、法三国就联合起来，强迫日本退还辽东半岛，包括旅顺、大连在内。主动是俄国，德、法不过附和，当时俄国财政部长威特（Witte）正赶修西比利亚铁路，他发现东边的一段，如绕黑龙江的北岸，路线太长，工程太困难，如横过我们的东三省，路线可缩短，工程也容易的多。同时海参崴太偏北，冬季结冰，不便航行。如果俄国能得大连、旅顺，俄国在远东就能有完善的军港和商港。完成西比利亚铁路及得一个不冻冰的海口；这是威特想要乘机而达到的目的。法国当时联俄以对德，俄要法帮忙，法不敢拒绝，何况法国也有野心家想乘机向远东发展呢？德国的算盘打得更精。他想附和俄国，一则可以使俄国知道德国是俄国的朋友，俄国不必联络法国；二则俄国如向远东发展，在欧洲不会多事，德国正好顺风推舟；三则德国也可以向我们索取援助的代价。这是三国干涉《马关和约》实在的动机。

俄、德、法三国的作法是十分冠冕堂皇的。《马关条约》发表以后，他们就向我们表示同情，说条约太无理，他们愿助中国挽回失地的一部分。在我们那时痛恨日本的情绪之下，这种友谊的表示是求之不得的。我们希望三国能把台湾及辽东都替我们收回来。同时三国给与所谓友谊的劝告，说日本之占领辽东半岛不利于远东和平。战后之日本固不敢不依从三国的劝告，于是退还辽东，但加赔款三千万两。中国觉得辽东半岛不止值三千万两，所以我们觉得应感激三国的援助。

《马关条约》原定赔款二万万两，现在又加三千万两，中国当然不能负担。威特一口答应帮我从法、俄银行借一万万两，年息四厘。数目之大，利率之低，诚使我们受宠若惊。俄国真可算是我们的好朋友！

光绪二十二年，一八九六年，俄皇尼古拉二世（Nicholas Ⅱ）行加冕典礼。帝俄政府向我表示：当中俄两国特别要好的时候，中国应该派头等大员去作代表，才算是给朋友面子。中国乃派李鸿章为庆贺加冕大使。这位东方的毕士麦克（即俾斯麦）于是到欧洲去了。威特深知中国的心理，所以他与李鸿章交涉的时候，首言日本之可恶可怕，这是李鸿章愿意听的话，也是全国人士愿意听的话。这种心理的进攻既然顺利，威特乃进一步陈言俄国对我之援助如何是心有余而力不足。他说当中日战争之际，俄国本想参战，但因交通不便，俄军未到而中日战争就完了。以后中国如要俄国给予有力的援助，中国必须使俄国修条铁路横贯东三省。李鸿章并未驳辩威特的理论，但主张在中国境内之铁路段，应由中国自修，威特告以中国人力财力不足，倘自修，则十年尚不能成，将缓不济急。威特最后说，如中国坚拒俄国的好意，俄国就不再助中国了。这一句话把李鸿章吓服了。于是他与威特签定密约，俄许援助中国抵抗日本，中许俄国建筑中东铁路。

光绪二十二年的《中俄密约》是李鸿章终身的大错。甲午战争以后，日本并无于短期内再进攻中国的企图。是时日本政府反转过来想联络中国。因为西洋倘在中国势力太大，是于日本不利的。威特的本意不是要援助中国，是要利用中东铁路来侵略中国的。以后瓜分之祸，及日俄战争，二十一条，九一八这些国难都是那个密约引出来的。

李鸿章离开俄国以后，路过德、法、比、英、美诸国，他在柏林的时候，德国政府试探向他要代索辽东的报酬，他没有答应。德国公使以后又在北京试探，北京也没有答应。光绪二十三年秋，山东曹州杀了两个传教士，德国乘机一面派兵占领青岛，一面要想租借胶州湾及青岛及在山东修铁路和开矿的权。中国于二十四年春答应了。山东就算是德国的利益范围。

俄国看见德国占了便宜，于是调兵船占旅顺、大连。俄国说为维持华北的势力均衡，并为助我的方便，他不能不有旅顺、大连，并且还要修南满铁路。中国也只好答应。我们费三千万赎回来的辽东半岛，这时俄国又夺去了。俄国还说，他是中国惟一的朋友！俄国的外交最阴险：他以助我之名，行侵我之实。以后他在东北既有了中东铁路，南满铁路及大连、旅顺，东三省就成了俄国的势力范围。

于是英国要求租借威海卫和九龙及长江流域的优越权利。法国要求租广州湾及广东、广西、云南的优越权利。日本要求福建的优越权利。意大利要求租浙江的三门湾。除意大利的要求以外，中国都答应了。这就是所谓瓜分。惟独美国没有提出要求，但他运用外交，使各国不完全割据各国所划定的范围，使各国承认各国在中国境内都有平等的通商权利。这就是历史上有名的门户开放主义。

这种瓜分运动就是甲午的败仗引起来的。在近代的世界，败仗是千万不能打的。

第二节　康有为辅助光绪变法

假使我们是甲午到戊戌那个时代的人，眼看见我国的国家被小小的日本打败了，打败了以后又要割地赔款，我们还不激昂慷慨想要救国吗？又假使我们就是那个时代的人，新知识新技术都没有，所能作的仅八股文章，所读过的书，仅中国的经史，我们救国方案还不是离不开我们的经典，免不了作些空泛而动听的文章？假使正在这个时候，我们中间出了一个人提出一个伟大的方案，既合乎古训，又适宜时局，其文章是我们所佩服的，其论调正合乎我们的胃口，那我们还不拥护他吗？康有为就是这时代中的这样的人。

康有为是广东南海县人，生在咸丰五年，一八五五年，比孙中山先生大十一岁。他家好几代都是读书人。他的家教和他的先生朱九江给他的教训，除预备他能应考试，取科名外，特别注重中国政治制度的沿革及一般所谓经世致用之学。他不懂任何外国文字，在戊戌以前，也没有到外国去过。但他到过香港、上海，看见西洋人地方行政的整齐，受了很大的刺激。他觉得这种优美的行政必有文化和思想的背景和渊泉。可惜那个时候国内还没有讨论西洋政治、经济的书籍。康有为所能得的仅江南制造局及教会所译的初级天文、地理、格致、兵法、医药及耶稣教经典一类的书籍。但他是个绝顶聪明的人，“能举一反三，因小以知大，自是于其学力中别开一境界。”

我们已经说过，同光时代李鸿章所领导的自强运动限于物质方面，是很不彻底的。后来梁启超批评他说：

知有兵事而不知有民政，知有外交而不知有内治，知有朝廷而不知有国民，知有洋务而不知有国务，以为吾中国之政教风俗，无一不优于他国，所不及者惟枪耳，炮耳，船耳，机器耳。吾但学此，而洋务之能事毕矣。

这种批评是很对的。可是李鸿章的物质改革已遭时人的反对，倘再进一步的改革政治态度，时人一定不容许他。甲午以后，康有为觉得时机到了。李鸿章所不敢提倡的政治改革，康有为要提倡。这就是所谓变法运动。

我国自秦汉以来，两千多年，只有两个人曾主张变法，一个是王莽，一个是王安石。两个都失败了。王莽尤其成为千古的罪人。所以没有敢谈变法。士大夫阶级都以为法制是祖宗的法制，先圣先贤的法制，历代相传，绝不可变更的。康有为知道非先打破这个思想的难关，变法就无从下手。所以在甲午以前，他写了一篇《孔子改制考》。他说孔子根本是个改革家。孔子作《春秋》的目的就是要改革法制。《春秋》的真义在《公羊传》里可以看出来。《公羊传》讲“通三统”那就是说夏、商、周三代的法制并无沿袭，各代都因时制宜，造出各代的法制。《公羊传》又讲“张三世”，那就是说，以专制政体对乱世，立宪政体对升平之世，共和政体对太平之世。康有为这本书的作用无非是抓住孔子作他思想的傀儡，以便镇压反对变法的士大夫。

康有为在甲午年中了举人，乙未年成了进士。他是那个国难时期的新贵。他就趁机会组织学会，发行报纸来宣传，一时附和的人很不少。大多数并不了解他的学说，也不知道他的改革具体方案，只有极少数可以说是他的忠实同志。但是他的运动盛极一时，好像全国舆论是拥护他的。

孔子是旧中国的思想中心。抓住了孔子，思想之战就成功了。皇帝是旧中国的政治中心。所以康有为的实际政治工作是从抓住皇帝下手。他在严重的国难时期之中，一再上书给光绪皇帝，大讲救国之道。光绪也受了时局的刺激，很想努力救国。他先研究康有为的著作，后召见康有为。他很赏识他，因为种种的困难，只教他在总理衙门行走，戊戌春季的瓜分，更刺激了变法派和光绪帝。于是他又派康有为的四位同志杨锐、刘光第、林旭、谭嗣同在军机处办事。从戊戌四月二十三日到八月初康有为辅助光绪行了百日的维新。

在这百天之内，康有为及其同志推行了不少的新政。其中最要紧的有二件事。第一，以后政府的考试不用八股文，都用政治、经济的策论。换句话说，以后读书人要做官不能靠虚文，必须靠实学。第二，调整行政机构。康有为裁汰了许多无用的衙门和官职，如詹事府，通政司，光禄寺，鸿胪寺，太仆寺，大理寺，以及总督同城的巡抚，不治河的河督，不运粮的粮道，不管盐的盐道。同时他添了一个农工商总局，好像我们现在的经济部，想要推行经济建设。这两件大新政，在我们今日看起来，都是应该早办的，但在戊戌年间，虽然国难那样严重，反对的人居大多数。为什么呢？一句话，打破了他们的饭碗。人人都知道废八股，提倡实学，但数百翰林，数千进士，数万举人，数十万秀才，数百万童生，全国的读书人都觉得前功尽弃。他们费了多少的心血，想从之乎也者里面，升官发财。一旦废八股，他们绝望了。难怪他们要骂康有为洋奴汉奸。至于被裁的官员更不要说，无不切齿痛恨。

康有为既然抓住皇帝来行新政，反对新政的人就包围西太后，求“太后保全，收回成命。”这时光绪虽作皇帝，实权仍在西太后手里。他们两人之间久不和睦。西太后此时想索性废光绪皇帝。新派的人于是求在天津练兵的袁世凯给他们武力的援助。袁世凯嫌他们孟浪，不肯合作，而且泄露他们的机密。西太后先发制人，把光绪囚禁起来，说皇帝有病，不能理事，复由太后临朝训政。康有为逃了，别人也有逃的，也有被西太后处死的。他们的新政完全打消了。

第三节　顽固势力总动员

在戊戌年的变法运动之中，外国人颇偏袒光绪帝及维新派，反对西太后及顽固党。因此一个内政的问题就发生国际关系了。后康有为、梁启超，逃难海外，又得着外国人的保护。他们在逃难之中发起保皇会，鼓动外国人和华侨拥护光绪。这样，西太后和顽固党就恨起洋人来了。西太后要废光绪，立端王载漪的儿子溥俊作皇帝。刚毅、崇绮、徐桐、启秀诸顽固分子想在新王之下操权，于是怂恿废立。但各国驻京公使表示不满意，他们的仇外的心理更进了一层。

顽固党仅靠废立问题还不能号召天下，他们领导的运动所以能扩大，这是因为他们也是爱国分子。自鸦片战争到庚子年，这六十年中所受的压迫，所堆积的愤慨，他们觉得中国应该火速抗战，不然国家就要亡了。我们不要以为顽固分子不爱国，从鸦片战争起，他们是一贯的反对屈服，坚强的主张抗战。在戊戌年，西太后复政以后，她硬不割让三门湾给意大利。她令浙江守土的官吏准备抗战。后意大利居然放弃了他的要求，顽固党更加觉得强硬对付洋人是对的。

外人在中国不但通商占地，还传教。这一层尤其招顽固分子的愤恨。他们觉得孔孟的遗教是圣教，洋人的宗教是异端，是邪教，中国最无知的愚民，都知道孝敬父母，尊顺君师，洋人是无父无君的。几千年来，都是外夷学中国，没有中国学外夷的道理。这种看法在当时是很普遍的。譬如大学士徐桐是大理学家倭仁的门弟子，自己也是个有名的理学家，在当时的人物中，算是一个正派君子。他和他的同志是要保御中国文化而与外人战。他们觉得铲草要除根，排斥异端非尽驱逐洋人不可。

但是中国与日本战尚且打败了，怎能一时与全世界开战呢？顽固分子以为可以靠民众。利用民众或“民心”或“民气”去对外，是林则徐、徐广缙、叶名琛一直到西太后、载漪、刚毅、徐桐传统的法宝。凡是主张剿夷的莫不觉得四万万同胞是有胜无败的。甲午以后，山东正有民间的义和团出现。顽固分子觉得这个义和团正是他们所需要的武力。

义和团（又名义和拳）最初是大刀会，其本质与中国流行民间的各种会匪并无区别。这时的大刀会专以洋人，尤其是传教士为对象，民众对洋人也有多年的积愤。外国传教士免不了偏袒教徒，而教徒有的时候免不了仗洋人的势力欺侮平民。民间许多带宗教性质的庙会敬神，信基督教的人不愿意合作。这也引起教徒与非教徒的冲突。民间尚有种种谣言，说教士来中国的目的不外挖取中国人的心眼以炼药丹，又一说教士窃取婴孩脑髓，室女红丸。民间生活是很痛苦的，于是把一切罪恶都归到洋人身上。洋人，附洋人的中国人，以及与洋人有关的事业如教堂、铁路、电线等，皆在被打倒之列。义和团的人自信有鬼神保佑，洋人的枪炮打不死他们。山东巡抚李秉衡及毓贤前后鼓励他们，因此他们就以扶清灭洋的口号在山东扰乱起来。

己亥年（光绪二十五年，1899年）袁世凯作山东巡抚，他就不客气把义和团当作乱民，派兵痛剿。团民在山东站不住，于己亥冬庚子春逃入河北。河北省当局反表示欢迎，所以义和团就在河北得势了。毓贤向载漪、刚毅等大替义和团宣传，说他们如何勇敢，可靠。载漪和刚毅介绍义和团给西太后，于是义和团在北京得势了。西太后及想实行废立的亲贵，顽固的士大夫及顽固爱国志士都与义和团打成一片，精诚团结去灭洋，以为灭了洋人他们各派的公私目的都能达到。庚子年拳匪之乱是我国顽固势力的总动员。

经过四次的御前会议，西太后乃于五月二十五日向各国同时宣战。到七月二十日，董福祥的军队连同几万拳匪，拿着他们的引魂幡，混天大旗，雷火扇，阴阳瓶，九连环，如意钩，火牌，飞剑，及其他法宝，仅杀了一个德国公使，连东交民巷的公使馆都攻不破。同时八国联军由大沽口进攻，占天津，慢慢的逼近北平。于是西太后同光绪帝逃到西安。李鸿章又出来收拾时局。

拳匪之乱的结束是《辛丑条约》，除惩办祸首及道歉外，《辛丑条约》有三个严重的条款。第一，赔款四万万五千万两，分三十九年还清，在未还清以前，按每年四厘加利，总计实九万万八千余万两。俄国的部分最多，（那时中俄尚是联盟国）占百分之二十九，德国次之，占百分之二十，法国占百分之十六弱，英国占百分之十一强，日本与美国各占百分之七强。第二，各国得自北京到山海关沿铁路线驻兵。近来日本增兵平津，就藉口《辛丑条约》。第三，划定并扩大北京的使馆区，且由各国留兵北京以保御使馆。

这种条款，够严重了。但我们所受的损失最大的还不是《辛丑条约》的各款。此外还有东三省的问题。庚子年，俄国趁拳乱派兵占领全东北三省。《辛丑条约》订了以后，俄国不肯退出，反向我要求各种特殊权利。假使中国接受了俄国的要求，东北三省在那个时候就要名存实亡了。张之洞、袁世凯竭力反对接受俄国的条款，日本、英国、美国从旁赞助他们。李鸿章主张接受俄国的要求，但是幸而他在辛丑的冬天死了，不然东北三省就要在他手里送给俄国了。日本、英国看见形势不好，于壬寅（光绪二十八年）年初，缔结同盟条约来对付俄国。美国虽未加入，但表示好感。中国当时的舆论亦赞助同盟。京师大学堂（以后的北京大学）的教授上书政府，建议中国加入同盟，变为中日英三国的集团来对付俄国。俄国看见国际情形不利于他，乃与中国订约，分三期撤退俄国在东三省的军队。条约虽签字了，俄国以后又中途变计。日本乃出来与俄国交涉。光绪三十年（1904年）两国交涉失败，就在我们的国土上打起仗来了。

那一次的日俄战争，倘若是俄国全胜了，不但我们的东三省，连高丽都要变为俄国的势力范围；倘若日本彻底的打胜了俄国，那高丽和东北就要变成日本的范围，中国左右是得不了便宜的。幸而事实上日本只局部的打胜了，结果两国讲和的条约仍承认中国在东北的主权，不过划北满为俄国铁路及其他经济事业的范围，南满包括大连、旅顺在内，为日本的范围。这样，日俄形成对峙之势，中国得收些渔人之利。

第四节　孙总理提民族复兴方案

在未述孙中山先生的事业以前，我们试回溯我国近代史的过程。我们说过，我们到了十九世纪遇着空前未有的变局，在十九世纪以前，与我民族竞争的都是文化不及我，基本势力不及我的外族。到了十九世纪，与我抗衡的是几个以科学，机械，及民族主义立国的列强。我们在道光间虽受了重大的打击，我们仍旧不觉悟，不承认国家及民族的危险，因此不图改革，枉费了民族二十年的光阴。直到受了英法联军及太平天国的痛苦，然后有同治初年由奕䜣、文祥、曾国藩、李鸿章、左宗棠领导的自强运动。这个运动就是我国近代史上第一个应付大变局的救国救民族的方案。简单的说，这个方案是要学习运用及制造西洋的军器来对付西洋人。这是一个不彻底的方案，后来又是不彻底的实行。为什么不彻底呢？一则因为提案者对于西洋文化的认识根本有限，二则因为同治光绪年间的政治制度及时代精神不容许自强运动的领袖们前进。同时代的日本采取了同一路线，但是日本的方案比我们的更彻底。日本不但接受了西洋的科学和机械，而且接受了西洋的民族精神及政治制度之一部分。甲午之战是高度西洋化近代化之日本战胜了低度西洋化近代化之中国。

甲午以后，康有为所领导的变法运动是我国近代史上救国救民第二个方案。这个方案的主旨是要变更政治制度，其最后目的是要改君主立宪，以期民族精神及维新事业得在立宪政体之下充分发挥和推进。变法运动无疑的是比自强运动更加西洋化近代化。康有为虽托孔子之名，及皇帝的威严去变法，他依旧失败，因为西太后甘心作顽固势力的中心。满清皇室及士大夫阶级和民间的顽固势力本极雄厚，加上西太后的支助，遂成了一种不可抑遏的反潮。严格说来，拳匪运动可说是我国近代史上第三个救国救民的方案，不过这个方案是反对西洋化，近代化的，与第一第二两个方案是背道而驰的。拳匪的惨败是极自然的。惨败代价之大足证我民族要图生存绝不可以开倒车。

等到自强、变法、反动都失败了，国人然后注意孙中山先生所提出的救国救民的方案。这个方案的伟大与中山先生的少年环境是极有关系的。

中山先生是广东香山县人，生于前清同治五年，西历一八六六年。他的家庭是我国乡下贫苦农夫的家庭，他小的时候，就在田庄上帮助父亲耕种，十三岁，他随长兄德彰先生到檀香山。他在那里进了教会学校。十六岁的时候，他回到广州入博济医学校。次年，他转入香港英国人所设立的医学专科。他在这里读书共十年，于光绪十八年毕业，成医学博士。中法战争的时候，他正十九岁，所受刺激很大。他在学校所结纳的朋友，如郑士良、陈少白、陆皓东等多与秘密反对满清的会党有关。所以在这个时候，他已有了革命的思想。

中山先生的青年生活有几点值得特别注意。第一，他与外人接触最早，十三岁就出国了。他所入的学校全是外国人所设立的学校。他对西洋情形及近代文化的认识远在李鸿章、康有为诸人之上。这是我民族一种大幸事，因为我们既然只能从近代化找出路，我们的领袖人物应该对近代文化有正确深刻的认识。第二，中山先生的教育是科学的教育，而且是长期的。科学的思想方法是近代文化的至宝。但是这种方法不是一两个月的训练班或速成学校所能培养的。我们倘不了解这一点，我们就不能了解为什么中山先生所拟的救国方案能超越别人所提的方案。中山先生的一切方案是具体的，精密的，有步骤的，方方面面都顾到的，因为他的思想是受过长期科学训练的。

光绪十年的中法之战给了中山先生很大的刺激。光绪二十年的中日之战所给的刺激更大。此后他完全放弃行医，专门从事政治。次年，他想袭取广州以为革命的根据地。不幸事泄失败他逃到国外。在檀香山的时候，他组织了兴中会。当时风气未开，清廷监视很严，所以兴中会的宣言不提革命，只说政府腐败，国家危急，爱国志士应该联合起来以图国家的富强。宣言虽是这样的和平，海外侨胞加入兴中会的还是很少。中山先生从檀香山到美国、英国，一面鼓吹革命，一面考察英美的政治。在英国的时候，使馆职员诱他入馆，秘密的把他拘禁起来，想运送回国。幸而得着他的学校教师的援助终得出险，后又赴法。这是中山先生初次在海外逃难的时期，也是他的革命的三民主义初熟的时期。

庚子拳匪作乱的时候，郑士良及史坚如两同志奉中山先生的命令想在广东起事，不幸都失败了。但是庚子年的大悲剧摇动了许多人对满清的信念。留学生到日本去的也大大的加增。从此中山先生的宣传容易的多，信徒加增也很快。日本朋友也有赞助的。到了甲辰年（光绪三十年，西历一九〇四年）他在日本组织同盟会，并创办《民报》。这是我民族初次公开的革命团体。《同盟会宣言》及《民报发刊词》是中山先生初次公开的正式的以革命领袖的资格，向全世界发表他的救国救民族的方案。甲辰以后，中山先生尚有二十年的革命工作，对他所拟的方案尚有不少的补充，但他终身所信奉的主义及方略的大纲已在《同盟会宣言》和《民报发刊词》里面立定基础了。

《民报发刊词》说明了三民主义的历史必然性。欧洲罗马帝国灭亡以后，各民族割据其地，慢慢的各养成其各别的语言、文字、风俗、法制。到了近代，各民族遂成了民族国家。但在各国之内王室专制，平民没有参政之权，以致民众受压迫的痛苦。十八世纪末年，十九世纪初年，欧人乃举行民权的革命。在十九世纪，西洋人虽已实行民族主义和民权主义，但社会仍不安。这是因为欧美在十九世纪科学发达，工业进步，社会贫富不均。中国应在工业初起的时候，防患未然，利用科学和工业为全民谋幸福，这就是民生主义，中山先生很激昂的说：

> 夫欧美社会之祸，伏之数十年，及今而后发见之，又不能使之遽去。吾国治民生主义者，发达最先，睹其祸害于未萌。诚可举政治革命社会革命，毕其功于一役，还视欧美，彼且瞠乎后也。

这是中山先生的爱国热忱和科学训练所创作的救国方案。其思想的伟大是古今无比的。

但民生主义和民权主义在西洋尚且未实现，以落伍的中国，外受强邻的压迫，内部又满布封建的思想，何能同时推行三民主义？这岂不是偏于理想吗？有许多人直到现在还这样的批评中山先生。三十三年以前，当同盟会初组织的时候，就是加盟者大部分也阳奉阴违，口信心不信。反对同盟会的人更加不必说了。他们并不否认三民主义的伟大，他们所犹豫的是三民主义实行的困难。其实中山先生充分的顾到了这层困难。他的革命方略就是他实行三民主义的步骤。同盟会的宣言的下半说明革命应分军法、约法、宪法三时期，就是以后所谓军政、训政、宪政三阶段。一般浅识的人承认军政、宪政之自然，但不了解训政阶段是必要的，万不能免的。中山先生说过：

> 由军政时期一蹴而至宪政时期，绝不予革命政府以训练人民之时期，又绝不予人民以养成自治能力之时间，于是第一流弊在旧污未由荡涤，新治未由进行；第二流弊在粉饰旧污以为新治；第三流弊在发扬旧民，压抑新治。更端言之，即第一，民治不能实现；第二，为假民治之名行专制之实；第三，则并民治之名而去之矣。此所谓事有必至，理有固然者。

当时在日本与同盟会的《民报》抗争者是君主立宪派的梁启超所主持的《新民丛报》。梁启超是康有为的门徒，爱国而博学。他反对打倒清朝，反对共和政体。他要维持清室而行君主立宪。所以他在《新民丛报》里再三发表文章攻击中山先生的民族主义和民权主义。他说中国人民程度不够，不能行共和制。如行共和必引起多年的内乱和军阀的割据。他常引中国历史为证：中国每换一次朝代必有长期的内乱。梁启超说，在闭关自守时代，长期的内乱尚不一定要亡国。现在列强虎视，一不小心，我们就可召亡国之祸。民国以来的事实似乎证明了梁启超的学说是对的。其实民国以来的困难都是由于国人不明了因而不接受训政。

孙中山先生的三民主义和革命方略无疑的是我民族惟一复兴的路径。我们不可一误再误了。

第五节　民族扫除复兴的障碍

庚子拳匪之乱以后，全体人民感觉满清是我民族复兴的一种障碍，这种观察是很有根据的。甲午以前，因为西太后要重修颐和园，我国海军有八年之久，不能添造新的军舰。甲午以后，一则因为西太后与光绪帝争权，二则因为满清的亲贵以为维新就是汉人得势，满人失权，西太后和亲贵就煽动全国的一切反动势力来打倒新政。我们固不能说，满人都是守旧的，汉人都是维新的，因为汉人之中，思想腐旧的，也大有人在。事实上，满人居领袖地位，他们一言一动的影响大，而他们中间守旧的成分实在居大多数。并且他们反对维新，就是藉以排汉，所以庚子以后，满清虽逐渐推行新政，汉人始终不信服他们，不认他们是有诚意的。

庚子年的冬天，西太后尚在西安的时候，他就下诏变法。以后在辛丑到甲辰那四年内，他裁汰了好几个无用的衙门，废科举，设学校，练新兵，派学生出洋，许满汉通婚。戊戌年康有为要辅助光绪帝行的新政，这时西太后都行了，而且超过了。日本胜了俄国以后，时人都觉得君主立宪战胜了君主专制。于是在乙巳年（1905年）的夏天，西太后派载泽等五大臣出洋考察各国宪法，表示要预备立宪。丙午、丁未、戊申三年成了官制及法制的大调整时期。

丙午（1906年）九月，厘定中央官制。前清中央主要的机关有内阁、军机处、六部、九卿。所谓九卿，多半是无用的衙门。六部采用委员制，每部有满汉尚书各一，满汉侍郎各二，共六人主政，责任不专，遇事推诿，并且自道、咸以后，各省督抚权大，六部成了审核机关，本身几全不举办事务。军机处是前清中央政府最得力的机关，原是内阁分出来的一个委员会，实际辅佐皇帝处理大政的。自军机处在雍正年间成立以后，内阁变成一种装饰品。丙午年的改革，保存了军机处，此外设立十一部，每部以一个尚书为最高长官。这种改革虽不圆满，比旧制实在是好多了。但十一名尚书发表以后，汉人只占五人，比以前六部满汉各一的比例还差了。所以这种改革，不但未和缓汉人的不平，反加增了革命运动的力量。

丁未年（1907年）清廷决定设资政院于北京，作为中央的民意机关，设咨议局于各省，作为地方的民意机关。戊申年，满清颁布宪法大纲并规定九年为预备立宪时期。如果真要立宪，九年的预备实在还不够，但是因为当时国人对满清全不信任，故反对九年的预备，说满清不过藉预备之名以搁置立宪。

满清在这几年之内，不但借改革以收汉人的政权，并且铁良和良弼想尽了法子把袁世凯的北洋兵权也夺了。等到戊申的秋天，宣统继位，其父载沣作摄政王的时候，第一条命令是罢免袁世凯。此时汉人之中尚忠于清廷而又有政治手腕者，袁世凯要算是第一，载沣还要得罪他，这不是满清自取灭亡吗?

同盟会和其他革命志士看清了满人的把戏，积极的图以武力推倒满清的政权。丙午年，同盟会的会员蔡绍南、刘道一联合湖南和江西交界的秘密会党在浏阳和萍乡起事。他们的宣言明说他们的目的是要打倒清朝，建立民国，平均地权。这是同盟会成立以后第一次的革命，也是三民主义初次充当革命的目标。不幸失败了。同时还有许多革命党员秘密的在武昌及南京的新军之中运动革命，清廷简直是防不胜防。

这时日本政府应满清的请求，强迫孙中山先生离开日本。中山先生乃领导胡汉民、汪精卫等到安南，在河内成立革命中心。他们在丁未年好几次在潮州、惠州、钦州、廉州及镇南关各处起事，戊申年又在河口起事，均归失败。同时江浙人所组织的光复会也积极活动，丁未年五月光复会首领徐锡麟杀安徽巡抚恩铭，此事牵连了他的同志秋瑾，两人终皆遇害。戊申年（1908年）十月，熊成基带安徽新军一部分突破安庆。他虽失败了，他的行动表示长江一带的新军已受了革命思想的影响。

丁未、戊申两年既受了这许多的挫折，同盟会的多数领袖主张革命策略应该变更。胡汉民当时说过："此后非特暗杀之事不可行，即零星散碎不足制彼虏死命之革命军，亦断不可起。"汪精卫反对此说，他相信革命志士固应有恒德，"担负重任，积劳怨于一躬，百折不挠，以行其志"，但是有些应该有烈德，"猛向前进，一往不返，流血以溉同种"。他和黄复生秘密的进北京，谋刺摄政王载沣。后事不成，被捕下狱。这是庚戌宣统二年的事情。

汪精卫独行其烈德的时候，中山先生和胡汉民、黄兴、赵声正在南洋向华侨募捐，想大规模的有计划的向满清进攻。这是汪精卫所谓恒德。他们于庚戌年（1910年）十一月在槟榔屿定计划，先占广州，然后北伐，"以黄兴统一军出湖南趋湖北，赵声统一军出江西趋南京"。定了计划以后，他们分途归国。次年，辛亥宣统三年，三月二十九日的黄花岗七十二烈士之役是他们的计划的实现。军事上虽失败了，心理上则大成功，因为革命精神从此深入国民的脑际。

正在这个时候，清廷宣布铁路国有的计划，给了革命党人一个很好的宣传的机会。那时待修的铁路，以粤汉、川汉两路为最急迫，困难在资本的缺乏。四川、湖北、湖南诸省的人民乃组织民营铁路公司，想集民股筑路。其实民间的资本不够，公司的领袖人物也有借公济私的，所以成绩不好，进行很慢。邮传大臣盛宣怀乃奏请借外债修路，把粤汉、川汉两路都收归国有。借外债来建设，本来是一种开明的政策，铁路国有也是不可非议的，不过盛宣怀的官声不好，满清已丧失人心，就是行好政策，人民都不信任。何况民营公司的股东又要损失大利源呢？因以上各种原故，铁路国有的问题就引起多数人的反对，革命党又从中煽动，竟成了大革命的导火线。

同盟会的革命策略，本注重广东，但自黄花岗失败以后，陈其美、宋教仁、谭人凤等就想利用长江流域为革命策源地。他们在上海设立同盟会中部总会。谭人凤特别注重长江中游之两湖。那时湖北新军中的蒋翊武组织文学社于武昌，藉以推动革命。在湖南活动的焦达丰及在湖北活动的孙武和居正，另外组织共进会。这两个团体，虽有同盟会的会员参加，并不是同盟会的支部，而且最初彼此颇有磨擦。经谭人凤调和以后共进会和文学社始合作。

同盟会的首领原来想在长江一带应该有好几年的预备工作，然后可以起事。但四川、湖北、湖南争路的风潮扩大以后，他们就决定在辛亥年（宣统三年，1911年）秋天起事。发难的日期原定旧历八月十五日，后因预备不足，改迟十天。却在八月十八日，革命党的机关被巡捕破获，党人名册也被搜去。于是仓卒之间定八月十九即阳历十月十日起事。

辛亥武昌起义的领袖是新军的下级军官熊秉坤。他率队直入武昌，进攻总督衙门。总督瑞澂当即不抵抗出逃，新军统制张彪也跟他逃，于是武昌文武官吏均弃城逃走。武昌便为革命军所据。革命分子临时强迫官阶较高、声望较好的黎元洪作革命军的都督。

武昌起义以后，一个月之内，湖南、陕西、江西、山西、云南、安徽、江苏、贵州、浙江、广西、福建、广东、山东十三省相继宣布独立。并且没有一个地方发生激烈的战争。清朝的灭亡，不是革命军以军力打倒的，是清朝自己瓦解的。各独立省选派代表，制定临时约法，并公举孙中山先生为中华民国的临时总统。我们这个老古的帝国，忽然变为民国了。

满清到了山穷水尽的时候，请袁世凯出来挽回大局。这种临时抱佛脚的办法是不会生效的。袁世凯替清室谋得的不过是退位以后的优待条件，为自己却得了中华民国第一任正式总统的地位。

辛亥革命打倒了清朝，这是革命惟一的成绩。清朝打倒了以后，我们固然扫除了一种民族复兴的障碍，但是等到我们要建设新国家的时候，我们又与民族内在的各种障碍面对面了。

第六节　军阀割据十五年

民国元年（1912年）的民国有民国必须具备的条件吗？当然没有。在上了轨道的国家，政党的争权绝不使用武力，所以不致引起内战。军队是国家的，不是私人的。军队总服从政府，不问主政者是属于那一党派。但是民国初年，在我们这里，军权就是政权。辛亥的秋天，清室请袁世凯出来主持大政，正因为当时全国最精的北洋军队是忠于袁世凯的。中山先生在民国元年所以把总统的位置让给袁世凯，也与这个原故有关。我们以先说过在太平天国以前，我国并没有私有的军队，有之从湘军起。湘军的组织和精神传给了淮军，淮军又传给北洋军，以致流毒于民国。不过湘军和淮军都随着他们的领袖尽忠于清朝，所以没有引起内乱。到了民国，没有皇帝了，北洋军就转而尽忠于袁世凯。

为什么民国初年的军队不尽忠于民国，不拥护民国的宪法呢？我们老百姓的国民程度是很低的。他们当兵原来不是要保御国家，是要解决个人生计问题的。如不加以训练，他们不知道大忠，那就是忠于国家和忠于主义，只知道小忠，忠于给他们衣食的官长，和忠于他们同乡或同族的领袖。野心家知道我国人民乡族观念之深，从而利用之以达到他们的割据企图。

工商界及学界的人何以不起来反对军阀呢？他们在专制政体下作了几千年的顺民，不知道什么是民权，忽然要他们起来作国家的主人翁，好像一个不会游水的人，要在海洋的大波涛之中去游泳，势非淹死不可，知识阶级的人好像应该能作新国民的模范，其实也不尽然。第一，他们的知识都偏于文字方面。古书愈读的多，思想就愈腐旧，愈糊涂。留学生分散到各国各校各学派，回国以后，他们把万国的学说都带回来了，五花八门，彼此争辩，于是军阀的割据之上又加了思想的分裂。第二，中国的读书人，素以作官为惟一的出路。民国以来，他们中间有不少的人惟恐天下不乱，因为小朝廷愈多，他们作官的机会就愈多。所以知识阶级不但不能制止军阀，有的时候，反助桀为虐。

那末，我们在民国初年绝对没有方法引国家上轨道吗？有的，就是孙中山先生的建国方略和三民主义。中山先生早已知道清朝不是中国复兴惟一的障碍。其他如国民程度之低劣，国民经济之困难，军队之缺乏主义认识，这些他都顾虑到了。所以他把建国的程序分为军政、训政、宪政三个时期，但是时人不信他，因为他们不了解他的思想。他们以为清朝是我们惟一的障碍，清朝扫除了，中国就可以从几千年的专制一跃而达到宪政。这样，他们正替军阀开了方便之门。这就是古人所谓“欲速则不达”。在民国初年，不但一般人不了解中山先生的思想，即同盟会的会员，了解的也很少。中山先生并没有健全的革命党作他的后盾。至于革命军更谈不到。当时军队的政治认识仅限于排满一点，此外都是些封建思想和习惯，只够作反动者的工具。中山先生既然没有健全的革命党和健全的革命军帮他推动他的救国救民族的方案，他就毅然决然让位与袁世凯，一方面希望袁世凯能不为大恶，同时他自己以在野的资格，努力造党和建设。

假使我民族不是遇着帝国主义压迫的空前大难关，以一个曹操、司马懿之流的袁世凯当国主，树立一个新朝代，那我们也可马虎下去了。但是我们在二十世纪，所须要的，是一个认识新时代而又能领导我们向近代化那条路走的伟大领袖。袁世凯绝不是个这样的人。他不过是我国旧环境产生的一个超等的大政客。在他的任内，他借了一批大外债，用暗杀的手段除了他的大政敌宋教仁，扩充了北洋军队的势力，与日本订了民国四年的条约，最后听了一群小人的话，幻想称帝。等到他于民国五年六月六日死的时候，他没有做一件于国有益、于己有光的事情。

袁死了以后，靠利禄结合的北洋军队当然四分五裂了。大小军阀，遍地皆是。他们混打了十年。他们都是些小袁世凯。到了民国十五年的夏季，中国的政治地图分割到什么样子呢？第一，东北四省和河北、山东属于北洋军阀奉系的巨头张作霖。他在北京自称大元帅，算是中华民国的元首。第二，长江下游的江、浙、皖、闽、赣五省是北洋军阀直系孙传芳的势力范围。孙氏原来是吴佩孚的部下，不过到了民国十五年，孙氏已羽翼丰满，不再居吴佩孚之下了。第三，湖北同河南仍属于直系巨头曾拥戴曹锟为总统的吴佩孚。第四，山西仍属于北洋之附庸而保持独立而专事地方建设之阎锡山。第五，西北算是吴佩孚的旧部下而倾向革命之冯玉祥的势力范围。第六，西南的四川、云南、贵州，属于一群内不能统一，外不能左右大局的军阀。第七，广东、广西、湖南三省是革命军的策源地。从元年到十五年，我们这个国家的演化达到了这种田地。

第七节　贯彻总理的遗教

民国十五年（1926年）七月九日，国民革命军誓师北伐。这是中华民国历史上的大分水界。前此我们虽有革命志士，但没有健全的，有纪律的，笃信主义的政党；前此我们虽有军队参加革命，但没有革命军。此后就大不同了。我们如要了解民国十五年北伐誓师为什么是个划时代的史实，我们必须补述孙中山先生末年的奋斗。

我们已经说过，中山先生在辛亥革命以前宣布了他的革命方略，分革命的过程为军政、训政、宪政三个阶段。用不着说，军政是一个信服三民主义的革命军对封建势力的扫荡和肃清，训政是一个信服三民主义的革命党猛进的缔造宪政所必须的物质及精神条件。民国初年，这样的革命军和革命党都不存在，军阀得乘机而起，陷民国于长期的内乱，人民所受的痛苦，反过于在清朝专制之下所受的。中山先生于是更信他的革命方略是对的。民国三年，他制定革命党党章的时候，他把一党专政及服从党魁的精神大大的加强。民国七年，俄国革命，虽遇着国内国外反动势力的夹攻，终成功了。中山先生考察俄国革命党的组织，发现其根本纲领竟与他多年所提倡的大同小异。原来俄国也是个政治经济落后的国家，俄国的问题也是火速的近代化。在十九世纪，俄国没有赶上时代的潮流，因此在上次的欧洲大战，俄国以二十倍德国的领土，两倍德国的人口，尚不能对付德国二分之一的武力。俄国的革命方略，在这种状况之下当然可供我们的参考。难怪中山先生虽知道中山主义与列宁主义有大不同之点，早就承认列宁是他的同志。

在苏联革命的初年，为抵抗帝国主义起见，列宁亦乐与我们携手。民国十二年正月二十六日，中山先生与列宁的代表越飞（Joffe）共同发表宣言，声明两国在各行其主义的条件之下，共同合作。十二年夏，中山先生派蒋介石赴俄，考察红军和共产党的组织。是年冬，苏联派遣鲍罗廷来华作顾问。十三年初，中山先生召开全国代表大会于广州，彻底的改组国民党，并决定联俄容共。同时蒋介石从俄回国。中山先生就请他创办黄埔军官学校。中山先生对黄埔军校是抱无穷希望的。在开学的那一天，中山先生说过：

> 今天开这个学校的希望，就是要从今天起，把革命的事业，从新创造，要这学校的学生来做根本，成立革命军。诸位学生，就是将来革命军的骨干。

十四年是革命策源地的两广的大调整时期：陈炯明勾结杨希闵、刘震寰以图消灭新起的革命势力。于是有两次的东征，然后广东得以肃清。同时革命政府协助了李宗仁、黄绍竑肃清广西。

不幸在这年的春天，三月十二日，中山先生在北平逝世了。

从十五年七月九日起的北伐，到二十六年七月七日的抗日战争，其间的事业是读者们所熟知的，我们可以不必细说。但是有一个重要方面我们不能不注意。

近年全国向近代化这条大路上迈进。铁路的加修，全国公路网的完成，航空线的设立，无线电网的布置，义务教育的提倡，科学及工程教育的奖进，及国防的近代化，都是近几年的大成绩。抗战以前全世界无不承认我民族已踏上复兴之路。日本的军阀看清了这一点，所以决计向我们大举进攻。

目前的困难是一切民族在建国的过程中所不能避免的。只要我们谨守中山先生的遗教，我们必能找到光明的出路。

附录

一、评《清史稿·邦交志》

中国旧有之正史皆无“邦交志”一门，有之自《清史稿》始，此亦时代变迁使然也。有清以前，中国惟有藩属之控制驭夷怀远诸政，无所谓邦交。春秋战国之合纵连横，不过等于西洋封建时代诸侯之争斗；虽远交近攻，聘使立盟，有似近代之国际交涉；然时代之局势与精神，实与19世纪中外之关系迥然不同。李氏鸿章在同治初年，常以《江宁》及《天津条约》为古今之大变局一语，激时人之图自强，此可谓知时之言也。故清史倘无“邦交志”，则清史无从理解，即今日中国之时局亦无从探研。主持《清史稿》诸公能不为成法所束，而创“邦交志”一门，足证诸公之能审时察势，亦足证今日中国思想之进步也。

《清史稿》“邦交志”虽为新创，然《邦交志》之书法及其根本史学观念则纯为袭旧。批评者倘以“《邦交志》非史也”一语加之，亦不为过当。近百年来中外关系之大变迁何在？其变迁之根本理由又何在？《邦交志》非特无所贡献，且直不知此二问题为撰《邦交志》者之主要问题也。至于近百年来中外交涉之重要案件，如鸦片战争、英法联军、同治修约、马加理案、伊犁案、中法战争、中日战争、瓜分与排外、东三省之国际问题等，皆《邦交志》所不理解者也。《邦交志》既不说明各案之所以成问题，又不指定各案结束之得失，其史学上之价值可想而知。

或谓《邦交志》既循旧史体裁，不可以新史学之眼光评论之。所谓时代之背景及时代之变迁，皆旧史家所不注意者，不可专以责难《邦交志》也。虽然，旧史界对于史事真确之审定及事与事之轻重权衡，自有其严密之纪律在焉。《邦交志》述事之失实比比皆是，后当列举。至于史事轻重之缺评断，请就“英吉利”部论之。

《邦交志》共为八卷，俄、英、法、美、德、日六国为一卷，瑞典、挪威、丹麦、荷兰、日斯巴尼亚、比利时、意大利合为一卷，奥斯马加、秘鲁、巴西、葡萄牙、墨西哥、刚果又合为一卷。其中以英吉利部为最多，共二十八页，页二十六行，行三十字。《邦交志》对于中、英关系之轻重评断，可从下表知其梗概：

论中、英西藏交涉者，共一百四十行。

论鸦片战争者，百零五行。

论马加理案及烟台条约者，五十二行。

论中英缅甸交涉者，前后共四十六行。

论鸦片税则者，四十四行。

论道光十六年以前中英关系者，四十行。

论咸丰七年至十年之战争者（内包括广州之役、大沽之役、《天津条约》、通州之役、外兵入京、圆明园之被焚及《北京条约》）共三十六行。

论马凯条约者，三十二行。

论沪宁铁路者，二十三行。

论同治时代中、英交涉者，十二行。

论庚子拳匪者，九行。

论德宗大婚英赠自鸣钟者，三行。

论九龙租地之扩充者，半行。

《天津条约》、《北京条约》、两广总督叶名琛之被捕、文宗之退避热河、英人之焚圆明园诸事，共占篇幅仅西藏交涉之四分之一。英人之赠自鸣钟显非军国大事，钟上所刻之祝辞（“日月同明。报十二时。吉祥如意。天地合德。庆亿万年。富贵寿康。”见《邦交志》二第十七页）非字字载诸史乘不可；而于九龙之展界，则以半行了之；轻重颠倒，史家之判断何在？《邦交志》于记事既无轻重之权衡，于史事真确之审定想必慎之又慎；然细加考察，则又知其不然。兹特列举数端，以供读者参考：

甲、俄罗斯部：

（1）俄罗斯地跨亚细亚、欧罗巴两洲北境（第一页第二行）。

按：欧洲北境不属俄者，尚有瑞典、挪威、不列颠诸国。如其说俄有欧之北境，不若说俄有欧之东半，盖东半仅博耳干半岛不属俄也。

（2）十二年及十七年俄察罕汗两附贸易人至京奏书（第一页第七八行）。

会荷兰贡使至（第一页第十行）。

三十三年遣使入贡（第一页第二十行）。

按：道光以前，西洋各国派使来华以通和好者凡十数次。每次均携有本国元首致中国皇帝或宰相文书及礼物，朝臣或不知此中实情，或知之而故意粉饰以欺上，概称外邦之公使为贡使，公文为奏折，礼物为贡物；甚至翻译官曲解捏造，改平等之文书为奏禀，史家似不应不加以修正。《邦交志》之谬误类此者，不胜枚举，下不复赘。

（3）俄国界近大西洋者崇天主教（第二页第一行）。

按：俄国无近大西洋之边界。

（4）后遂有四国联盟合从称兵之事（第二页第二十二行）。

按：咸丰八年、九年、十年，有英、法二国联盟称兵之事，无四国联盟称兵之事。英、法屡求美国加入盟约，美允合作交涉，不允联盟称兵。俄国事先向英、法声明，中国既未违犯《中俄条约》，俄无宣战之理，且向中国自称为中国惟一之友。

（5）俄帝遂遣海军中将尼伯尔斯克为贝加尔号舰长，使视察勘察加鄂霍次克海兼黑龙江探险之任，与木喇福岳福偕乘船入黑龙江（第三页第二至第三行）。

按：尼伯尔斯克（Nevelsky）与木喇福岳福（Muraviev）并非同时同路入黑龙江。尼氏之任专任探险，由勘察加南驶，路过库页岛，发现库页实系一岛非半岛，后由黑龙江口溯流而上，事在道光二十九年，即公元1849年。木氏率舰队由石勒克河（Shelka）入黑龙江顺流而下，事在咸丰四年，即公元

1854年。路对东西，时距五年，何能“偕乘船入黑龙江”乎？

（6）十年秋，中国与英、法再开战，联军陷北京，帝狩热河，命恭亲王议和。伊格那提业福出任调停，恭亲王乃与英、法订《北京和约》。伊格那提业福要中国政府将两国共管之乌苏里河以东至海之地让与俄以为报。十月与定《北京续约》（第三页第二十一至二十四行）。

按：是役伊格那提业福之外交，非“出任调停”“让与俄以为报”二语足以传其实。伊氏告英、法公使曰：“中廷态度顽固，惟武力能屈服之。吾与中国之执政者颇相识，愿竭力劝其就范。”同时又告恭亲王曰：“英怀叵测，吾愿调度以减其锋。”迄中、英《北京条约》既定，英兵有不即撤之势。伊氏又言于恭亲王曰：“英之野心于此可，见吾往说之，或可挽回。”后数日，英兵果退，而伊氏居其功。实则额尔金爵士（Lord Elgin）全无违约不退兵之意，其不即撤者，一时交通之困难也。伊氏有何功可言，反挟此要索，而恭亲王不察，遂割吉林省之海岸以报之。此事久已成中外之笑柄，岂撰《邦交志》者至今未省耶？何不揭伊氏之奸诈以告国人。（参见Cordier，*L'Expedition de Chirede 1860*，Paris，1906，pp.121，187，209，241。Michie，*The Englishman in China*，2vols。London，1900 Vol，1，pp.157-359）

（7）崇厚将赴黑海画押回国，而恭亲王奕䜣等以崇厚所定条款损失甚大，请饬下李鸿章、左宗棠、沈葆桢、金顺、锡龄等，将各条分别酌核密陈。于是李鸿章及一时言事之臣交章弹劾，而洗马张之洞抗争尤力（第九页第三至五行）。

按：当时言事之臣诚如《邦交志》所云“交章弹劾”，张之洞至欲治崇厚以极刑，然李鸿章之议论则反是。其复议《伊犁条约》奏折虽明陈通商与分界之弊，然谓通商一项可在用人行政上补救，分界一项则势难争，即争得伊犁西南境，亦且难守。李之主旨在承认崇厚之条约也。其致总署及朋僚书更明言崇厚交涉之失败在势不在人。李氏对伊犁之态度始终一贯，当同治末年、光绪元年政府议海防塞防孰缓孰急之际，李氏即主暂弃新疆以重海防。新疆尚可弃，何况伊犁之一隅？无怪以后于崇厚之约，李氏与言事之臣大相径庭也。（参看《李文忠公全集》“奏稿”卷二十四页十八至十九，又卷三十五页十五至十九；“朋僚函稿”卷十五页十，又卷十六页五、页七、页十二、页十七，又卷十七页十八；“译署函稿”卷十页十七。当时言论不止分主和与主战两派，可参看《刘忠诚公文牍》八页二十八至二十九。）

（8）（光绪）二十三年十一月，俄以德占胶州湾为口实，命西伯利亚舰队入旅顺口，要求租借旅顺、大连二港，且求筑造自哈尔滨至旅顺之铁路权（中略）。俄皇谓许景澄曰："俄船借泊，一为胶事，二为度冬，三为助华防护他国占据。"（光绪二十四年中略）限三月初六日订约。（中略）既而俄提督率兵登岸，张接管旅大示，限中国官吏交金州城。中国再与交涉，俄始允兵屯城外。遂定约，将旅顺口及大连湾暨附近水面租与俄（第十七页第一至十一行）。

按：中国之租旅大与俄，大半固由于俄人兵力之压迫，即《邦交志》所谓舰队入旅顺口率兵登岸，兵屯城外诸行动是也。然不尽然。近苏俄政府所发表帝俄时代外交公文中有二电稿，颇能补吾人知识之不足。是年俄人在北京主持交涉者系署理公使巴布罗福（Pavloff）及户部大臣威特（Witte）之代表博可笛洛夫（Pokotiloff），二月十六日（西历三月九号）博氏致威特电云："今日吾偕署使与李鸿章、张荫桓密谈，吾告以倘旅大之事能于限期之内俄国未施极端手段之前签订条约，愿各酬银五十万两。彼二人均诉其地位之艰难，云近日中国官吏大为旅大事所激动，中国皇帝接收无数奏折，力主勿许俄之要求，中国驻英公使电告总理衙门：英廷反对俄之条款。"二月二十三日（西历三月十六号）博氏又密电威特云："吾今日面交银五十万两与李鸿章，李甚欢悦，并嘱吾代为致谢阁下。吾同时发电与洛第斯坦恩（Rothstein银行家），吾尚无机会交银与张荫桓，张氏之行动甚谨慎。"或者李氏之意以旅大之租借势不能免，五十万之巨款何妨收之。然李氏既与俄国订同盟密约（此事《邦交志》不提，然其为事实则无可疑，中国政府已在华府发表其条款），而俄国又以助华防护为口实，则俄国碍难先以武力施之于其所防护者，俄人之以定约在限期未满之先为纳贿之条件者，其故即在渡过此外交之难关。旅大之丧失史，固不如《邦交志》所传之简单也。

博氏二密电见于*Steiger*：*China and the Occident*，1927.P71。

（9）前清末年东三省之外交（第二十至二十一页）。

按：东三省之外交，尚有一重大变迁为《邦交志》所未提及者，日、俄战争以后，美国资本家极望投资于东三省铁路。初议由美收买南满铁路，事将成，而日政府忽翻案。后美国又拟借款与中国，以筑锦瑷铁路。日、俄见美国资本家之野心，乃立一九〇八年之协约，划内蒙古之东部及南满为日本势力范围，馀为俄国之势力范围，互相协助，以防第三者之侵入。此条约即日本以后二十一条之雏形也。《邦交志》于日、俄、美三部均不提及此事，何疏略一至于此？

乙、英吉利部

（1）而贡使罗尔美都……（第二页第二行）。

英王乃遣领事律劳卑来粤（同页第十四行）。

按：嘉庆二十一年，英国派遣来华之公使原名Lord

Amhersto，中文译为“罗尔美都”。盖以“罗”译Lord，而以“尔美都”译Amherto也。道光十四年，英国派遣来粤之领事，原名Lord Napier中文译为“律劳卑”。盖以“律”译Lord，而以“劳卑”译Napier也。译法载于前清档案，固非《邦交志》所独创，若不加以解释，学者实无法领会也。

（2）及事亟，断水路饷道，义律乃使各商缴所存烟土凡二万二百八十三箱。则徐命悉焚之，而每箱偿以茶叶五斤。复令各商具“永不售卖烟土”结。于是烟商失利，遂皆觖望。义律耻见挫辱，乃鼓动国人，冀国王出干预。（中略）**义律遂以为鸦片兴衰实关民生国计**（第二页第二至七行）。

按：鸦片战争为中外关系史上最要之一章，《邦交志》论战争发生之原因仅此数行，细审之，不外“义律耻见挫辱”及“义律遂以为鸦片兴衰实关民生国计”二语。实则鸦片战争之远因近因十分复杂。英人至今不认为鸦片战争也，英人虽不免偏持己见，然非全无理由。试读义律致林则徐之《抗议书》，及巴马斯登（Palmerston）《致中国宰相书》，即知其理由何在。英人承认禁烟乃中国之内政问题，然谓禁烟须有其法。中国不能因禁烟而封锁一切外商于洋行，撤其仆役，绝其粮食，即领事亦不稍示优待。且中国之烟禁忽严忽弛。在严禁之时，中国官吏又与中外商人朋比为奸，视国法如同虚设。林则徐一至广东，即用超然强硬之手段，使欲悔改者亦无从悔改。文明国之政治措置宜如是乎？英国更进而辩曰：战祸实起于中国之攘外政策，中国始终闭关自守，不与外人互约通使，致两国间情息不通，交涉莫由。且中国限外商于广州一埠贸易，而关税无定章。于广州又有公行之设，使外商必须与行商交易，无所谓贸易自由。是以中国对外政策非根本改革不可，故英人决然称兵而不顾焉。平心论之：烟禁之防害英国之国计民生及义律之耻见挫辱，与夫林氏烟禁之严厉，皆鸦片战争之近因。英国之开辟商场政策，及中国之闭关自大政策，皆其远因也。闭关之政策虽在中外历史上有先例可援，然至十九世纪之中叶仍株守之，何不审势之甚耶？

（3）冬十月，天培击败英人（第三页第十五行）。

按：道光十九年十月十六日，林则徐曾奏报提督关天培在穿鼻尖沙咀屡次轰夷船。但英国将校之报告及士兵之记载，均谓英胜华败。

（4）夏五月，林则徐复遣兵逐英于磨刀洋。时义律先回国请益兵（第三页第二十至二十一行）。

按：义律（Captain Elliot）充驻粤英领，起自道光十六年冬，直至二十一年秋，先后共五年，五年内并无回国之行。请兵者，以书牍请也。后偕英国舰队来华之交涉员虽与义律同名，实其从兄，非一人也。吾国档案名此交涉员为懿律以别之。

（5）英人见粤防严，谋扰闽（第三页第二十二行）。

按：道光二十年夏以前，林则徐屡与英舰战，虽未大胜，亦未大败。是夏，英派新舰队来华，不直攻广州，仅封锁之，遂北犯厦门、定海，似则徐必有一制英人者。迨则徐罢职，琦善主政，尽撤海防，于是英人得逞其志，而大势去矣。此中国八十年来论鸦片战争者之公论，亦《邦交志》之所雷同者也。林文忠公在中国近代史上固有其地位，然其所以为伟人者不在此。道光二十年夏以前，英国大兵未至，在中国洋面者仅二三军舰。所谓九龙及穿鼻之役，英人不认为战争，只认为报复（Reprisal），胜之不武，况并未大胜乎？英舰队抵华后，又不攻广州者，英廷之训令也。英政府之意，以为未宣战以前，倘派舰队至华北耀武扬威，据地为质，或者中国即将屈服，而交涉可在天津进行。且广州远离京都，中国虽败，朝廷必以为边陲小失利，无关大局。必也侵中国之腹地，而后中国得就英之范围。故英人始终以攻入长江为其作战根本策略，彼固不料林氏竟因此而得盛名也。（英廷致驻华代表之训令见*Morse*：*International Relations of the Chinese Empire*，Shanghai，1910.VOL. Ⅰ.Appendix B.）

（6）八月，义律来天津要抚。时大学士琦善任直隶总督，义律以其国巴里满衙门照会中国宰相书，遣人诣大沽口上之（第三页第二十六行）。

按：所谓巴里满衙门当即英国之国会。义律所递之照会，乃英国外交部大臣巴马斯登爵士（Lord Palmerston）致中国宰相之书，与巴里满毫无关系。义律之旨在交涉，在送哀的美敦书，非要抚也。

（7）陷镇江，杀副都统海龄。

按：《东华续录》记镇江事云："京口陷时，副都统海龄并其妻及次孙殉节。"《清史稿》"列传"一百五十九卷亦云："海龄及全家殉焉。"英人之记载更详，云："海龄系自焚，搜其尸仅得数骨。英军有叹者曰：'若海龄之节操多见于疆场，中国何至战败。'"是则海龄确系自尽，非为英人所杀明矣。（参看Lieutenant John Ouchterlony, *The Chinese War*, London, 1844, p.282.）

（8）初，英粤东互市章程，各国皆就彼挂号始输税。法人、美人皆言"我非英属"，不肯从，遂许法、美二国互市，皆如英例（第六页第十七行）。

按：鸦片战争之前，法商、美商并无就英人挂号始输税之事。战后中、英立通商条约，法、美于是要求利益均沾及最惠待遇。耆英、伊里布诸人以为不许法、美之请，其商人必附英商而合从以谋我，许之则惠自我取，法、美反可成为我用，故与定商约如英例。（参看外交部出版之《道光条约》卷四页二至四，又卷五页二至三）。

（9）（咸丰）**六年秋九月，英人巴夏里致书叶名琛，请循江宁旧约入城，不许。英人攻粤城，不克逞，复请释甲入见，亦不许。冬十月，犯虎门横档各炮台，又为广州义勇所却，乃驰告其国**（第七页第五至八行）。

按：咸丰六年六月初九，两广总督叶名琛派兵上亚鲁号船捕海盗。亚鲁船属华人，是时泊广州，且所捕者亦系华人，故名琛未先照会英人，径派兵上船捕获。英领事巴夏里则谓亚鲁船系在香港注册，悬英国旗，非得英领事之事先许可，华兵不得上船捕人。巴夏里要求名琛即送还被捕者至领事馆审查，且须正式道歉，限期答复，名琛不允。英人遂于九年二十四日炮轰广州，此咸丰末年英、法联军导火线之一也。是年正月，法国教士闪蒲德林（Pere Augnste Chapde Laine）在广西西林遇害。法人称系西林官吏主谋，属与名琛交涉，不得要领，遂决与英联军，此战事导火线之二也。此二者即咸丰末年战争之近因。其远因则以加增通商口岸及传教机会为最要，许外人入广州城次之。《邦交志》仅述其次要者，于其他则一字不提，未免失实过甚。

(10)英有里国太者，嘉应州人也。世仰食外洋，随英公使额尔金为行营参赞（第七页第十五行）。

按：咸丰末年、同治初年之际，中国外交公文上常见里国太或里国泰之名。此人原任职上海英领事馆，善华语。咸丰四年，上海道与外国领事订《海关行政协定》，许外人充税务司。英领初荐威妥玛，威任一年即辞，继之者即里国太。八年，里以中国税务司资格兼任额尔金之翻译，《天津条约》大半出自其手。桂良、花沙纳及耆英恨之入骨。后升总税务司，因代中国创海军与总理衙门意见不合，遂革职。里国泰原名Horatio Nelson-Lay，《邦交志》谓其为嘉应州人，世仰食外洋，不知有何根据。（参看Morse，*Op.Cit*，Vol.Ⅱ.Chap.Ⅱ）

(11)时英人以条约许增设长江海口及商埠，欲先察看沿江形势。定约后，即遣水师、领事以轮船入江，溯流至汉口（第七页第十九至二十行）。

按：此次察看沿江形势者，即全权公使额尔金，非领事也。

(12)巴夏里入城议约（中略），宴于东岳庙。巴夏里起曰："今日之约须面见大皇帝，以昭诚信。"又曰："远方慕义，欲观光上国久矣。请以军容入。"王愤其语不逊，密商僧

格林沁，擒送京师，兵端复作（第八页第五至八行）。

按：咸丰十年七月，桂良、花沙纳以全权大臣名义，赴天津与英、法公使定条约八款。约甫定，英，法忽探知中国交涉实无全权，愤受欺，遂停止交涉，调兵由杨村河西坞迫通州。于是朝廷改派怡亲王载垣、军机大臣兵部尚书穆荫出与议和。载垣于七月二十七日致书与英、法公使，告以中国完全承认天津八条，望即退兵，英、法答以兵须前进，议和须在通州，屡经交涉，乃定议外兵进至张家湾南五条为止。八月四号，英、法各派翻译官及侍从至通州，与载垣、穆荫面议进京换约觐见、呈国书诸事。英翻译官巴夏里坚持公使入京，须携卫队千人，且云“中国前已允诺，不可失信”。后巴夏里又力助法翻译官与载垣辩论，且措词失礼。载垣于是阳许之，而阴谋害之。次晨，英、法译者归营，报告途遇僧格林沁之马队，英人被捕者二十六，法人十三，经二十日之监禁虐待，英人得生归者半，法人仅五名，后英人之焚圆明园者，即以报复也。撰《邦交志》者，何必隐讳其词若此。（参看Cordier，*Op.Cit*，Chap.XXI）

（团结出版社《民国珍本丛刊》2006年1月第1版）

二、琦善与鸦片战争

鸦片战争的终止之日，当然就是道光二十二年（1842年）七月二十四日中、英两国代表签订《南京条约》之日。至于起始之日为何日，则不易定。因为中、英双方均未发表宣战正式公文，并且忽战忽和，或战于此处而和于彼处。此种畸形的原因大概有二：一则彼时中国不明国际公法及国际关系的惯例。不但不明，简直不承认有所谓国际者存在。中、英的战争，在中国方面不过是“剿夷”“讨逆”。就此一点，我们就能窥测当时国人的心理和世界知识。第二个原由是彼时中、英两国均未预抱一个必战之心。中国当初的目的全在禁烟。宣宗屡次的上谕明言不可轻启边衅。在道光十八年各省疆吏复议黄爵滋严禁鸦片的奏折之时，激烈派与和缓派同等的无一人预料禁烟会引起战争。不过激烈派以为，倘因达到禁烟目的而必须用兵以迫“外夷顺服”则亦所不惜。在英国方面，自从律劳卑（Lord Napier）以商业监督（Superintendent of Trade）的资格于道光十四年来华而遭拒绝后，英政府的态度就趋消极。继任的监督虽屡次请训，政府置之不理。原来英国在华的目的全在通商，作买卖者不分中外古今，均盼时局的安定。我们敢断定：鸦片战争以前，英国全无处心积虑以谋中国的事情。英政府的行动就是我们所谓“将就了事，敷衍过去”，英文所谓“Muddle along”。英国政府及人民固然重视在华的商业，而且为通商中、英已起了好几次的冲突，不过英国人的守旧性重，不好纷事更张，因为恐怕愈改愈坏。及林则徐于道光十九年春禁锢英商与英领以迫其缴烟的信息传到英京之时，适当巴麦尊爵士（Lord Palmerston）主持英国的外交，此人是以倡积极政策而在当时负盛名的。他即派遣舰队来华，但仍抱一线和平的希望，且英国赞成和平者亦大有人在。倘和议不成而必出于一战，巴麦尊亦所不惜。故鸦片战争的发生，非中、英两国所预料，更非两国所预谋。战争虽非偶然的，无历史背景的，然初不过因禁烟而起冲突，继则因冲突而起报复（Reprisal），终乃流为战争。

鸦片战争，当做一段国际史看，虽是如此畸形混沌，然单就中国一方面研究，则显可分为三期。第一期是林则徐主政时期，起自道光十九年（1839年）正月二十五日，即林以钦差大臣的资格行抵广东之日。第二期是琦善主政时期，起自道光二十年（1840年）七月十四日，即琦善与英国全权代表懿律（Admirla George Elliot）及义律（Captain Charles Elliot）在大沽起始交涉之日。第三期是宣宗亲自主政时期，起自道光二十一年（1841年）二月六日，即琦善革职拿问之日，而止于二十二年（1842年）七月二十四日的《南京条约》。在专制政体之下，最后决断权依法律当然属于皇帝，然事实上常常有大臣得君主的信任，言听计从。此地所谓林则徐及琦善主政时期即本此意而言。缘此，林的革职虽在二十年九月八日，然自七月中以后，宣宗所信任的已非林而为琦善，故琦善主政时期实起自七月中。自琦善革职以后，直到英兵破镇江，宣宗一意主战，所用人员如奕山、奕经、裕谦、牛鉴等不过遵旨力行而已。虽有违旨者，然皆实违而名遵，故第三期称为宣宗主政时期，似不为无当。

三期中，第一期与第三期为时约相等，各占一年半。第二期——琦善主政时期——为最短，半年零数日而已。在第一期内，严格说，实无外交可言。因为林则徐的目的在禁烟，而禁烟林视为内政——本系内政，不必事先与外人交涉，所采步骤亦无需外人的同意。中、英往来文件，在林方面，只有“谕示”；在英领义律方面，迫于时势，亦间“具禀”。此时义律既未得政府训令，又无充分的武力后援，他的交涉不过图临时的相安，他的军事行动不过报复及保护在华英人的生命和财产。到第三期，更无外交可言。双方均认交涉无望，一意决战。后来英兵抵南京，中国于是屈服。在此三年半内，惟独琦善主政的半年曾有过外交相对的局势。在此期之初，英国全权代表虽手握重兵，然英政府的训令是叫他们先交涉而后战争，而二代表亦以迅和以复商业为上策。训令所载的要求虽颇详细，然非完全确定，尚有相当伸缩的可能。在中国一方面，琦善的态度是外交家的态度。他的奏折内，虽有“谕英夷”“英夷不遵劝戒”字样，但他与英人移文往来，亦知用“贵国”“贵统帅”的称呼。且他与英人面议的时候，完全以平等相待。至于他的目的，更不待言，是图以交涉了案。故琦善可说是中国近九十年大变局中的第一任外交总长。

这个第一任外交总长的名誉，在当时，在后代，就是个“奸臣”和“卖国贼”的名誉。不幸，琦善在广东除任交涉以外，且署理两广总督，有节制水陆军的权力和责任。攻击他的有些注重他的外交，有些注意他的军事。那么，琦善外交的出发点就是他的军事观念，所以我们先研究琦善与鸦片战争的军事关系。

道光二十二年（1842年）二月初间虎门失守以后，钦差大臣江苏巡抚裕谦上了一封弹劾琦善的奏折。他说：“乃闻琦善到粤后，遣散壮勇，不啻为渊驱鱼，以致转为该夷勾去，遂有大角、沙角之陷。”裕靖节是主战派首领之一，也是疆吏中最露头角的人。他攻击琦善的意思不外林则徐督粤的时候，编收本省壮丁为团勇，琦善到粤则反林所为而遣散之。这班被撤壮丁就变为“汉奸”，英人反得收为己用。此说的虚实姑不讨论，倘中国人民不为中国打外国，就必反助外国打中国，民心亦可见一斑了。

靖节的奏折上了不满二月，御史骆秉章又上了一封，措辞更激烈：“窃惟逆夷在粤滋扰几及一年。前督臣琦善到粤查办，将招集之水勇、防备之守具全行撤去。迨大角、沙角失事，提镇专弁赴省求援，仅发兵数百名，遣之夜渡，惟恐逆夷知觉，以致提督关天培、总兵李廷钰在炮台遥望而泣。”这样说来，琦善的罪更大，除遣散壮勇之外，还有撤防具、陷忠臣的大罪。骆文忠原籍广东花县，折内所言大概得自同乡。他为人颇正直，道光二十一年以前，因查库不受贿已得盛名。故所发言词，不但足以左右当时的清议，且值得我们今日的研究。

此类的参奏不必尽引，因为所说的皆大同小异。但道光二十一年（1841年）六月，王大臣等会审的判词是当时政府最后的评定，也是反琦善派的最后胜利，不能不引。“此案琦善以钦差大臣查办广东夷务，宜如何慎重周详，计出万全。该夷既不遵照晓谕，办理已形猖獗，即应奏请调兵迅速剿除。乃妄冀羁縻，暂以香港地方许给，俾得有所藉口。于一切防守事宜并不预为设备，以致该夷叠将炮台攻陷，要隘失守，实属有误机宜。自应按律问拟。琦善合依守备不设失陷城塞者斩监候律，拟斩监候，秋后处决。”这个判词实代表当时的清议。所可注意者，政府虽多方搜罗琦善受贿的证据，判词内无受贿的罪名。

但是当时的人不明了琦善为什么要“开门揖盗”，以为必是受了英人的贿赂。战争的时候，左宗棠——同、光时代的恪靖侯左宗棠——正在湖南安化陶文毅家授课。道光二十一年，他致其师贺蔗农的信有一段极动人的文章：“去冬果勇杨侯奉诏北行。有人自侯所来云：‘侯言琦善得西人金巨万，遂坚主和议。将恐国计遂坏伊身。’昨见林制府谢罪疏，末云‘并恐彼族别生秘计’云云，是殆指此。诚如是，其愚亦大可哀矣。照壁之诗及渠欲即斩生夷灭口各节，情状昭著。炮台失陷时，渠驰疏谓二炮台孤悬海外，粤东武备懈弛，寡不敌众，且云彼族火器为向来所未见，此次以后，军情益馁。无非欺君罔上，以和为主，张贼势而慢军心，见之令人切齿。”左的信息得自“自侯所来”者。果勇侯杨芳原任湖南提督，于道光二十一年正月八日放参赞大臣，驰驿前往广东剿拴逆夷。他于正月二十一日接到了这道上谕，二月十三日行抵广东省城。他在起程赴任之初即奏云：“现在大局或须一面收复定海，一面准其于偏岸小港屯集货物。”换言之，浙江应与英人战，广东则应与英人通商以求和。自然宣宗以为不妥。抵广东后他就报告：“预备分段援应，共保无虞。”但是他所带的湖南兵为害于英人者少，为害于沿途及广东人民者反多。三月初，果勇侯又有“布置攻守机宜”的奏折，说：“城厢内外民心大定，迁者渐复，闭者渐开，军民鼓勇，可期无虑。”宣宗当然欣悦之至：“客兵不满三千，危城立保无虞。若非朕之参赞大臣果勇侯杨芳，其孰能之？可嘉之处，笔难宣述。功成之日，伫膺懋赏。此卿之第一功也。厥后尤当奋勉。”后来的奋勉或者有之，至于第二功则无可报了。虽然，败仗仍可报胜仗，自己求和仍可报外夷“恳求皇帝施恩，准予止战通商”。皇帝远在北京，何从知道？这就是杨芳日后顾全面子的方法。左宗棠的信息既闻接得自果勇侯就不足信，何况果勇侯传出这信息的时候既在途中，亦必间接得自广州来者？至于琦善“欲即斩生夷灭口”之说，遍查中外在场人员的记载均未发现。独在湖南安化乡中教书的左先生知有其事，且认为“情状昭著”，岂不是甚奇了！

同时广东的按察使王庭兰反说他屡次劝琦善杀义律而琦善不许。他写给福建道员曾望颜的信述此事甚详：“义律住洋行十余日。省河中夷船杉板数只而已，不难擒也。伊亦毫无准备，有时义律乘轿买物，往来于市廛间。此时如遣敢死之士数十人拴之，直囊中取物耳。乃屡次进言于当路，辄云现在讲和，未可轻动。是可谓宋襄仁义之师矣。”琦善倘得了“西人金巨万”，授之者必是义律；“欲即斩生夷灭口”，莫若斩义律。琦善反欲效“宋襄仁义之师”，岂不更奇了！王庭兰的这封信又形容了琦善如何节节后退：“贼到门而门不关，可乎？开门揖盗，百喙难辞。”王庭兰既是广东的按察使，他的信既由闽浙总督颜休焘送呈御览，好像应该是最好的史料。不幸琦善在广东的时候，义律不但未“住洋行十余日”，简直没有入广州。这封信在显明的事实上有此大错，其史料的价值可想而知了。

琦善倘若撤了广州的防具，撤防的原动力不是英国的贿赂，这是我们可断定的。但是到底琦善撤了防没有？这是当时及后来攻击琦善的共同点，也是琦善与鸦片战争的军事关系之中心问题。道光二十年的秋末冬初——宣宗最信任琦善的时候——撤防诚有其事，然撤防的程度则大有问题在。

宣宗是个极尚节俭的皇帝。林则徐在广东的时候，大修军备，但是宣宗曾未一次许他拨用库款，林的军费概来自行商及盐商的捐款。二十年六月七日，英军占了定海，于是宣宗脚慌手忙地饬令沿海七省整顿海防。北自奉天，南至广东，各省调兵、募勇、修炮台、请军费的奏折陆续到了北京，宣宗仍是不愿疆吏扣留库款以作军费。当时兵部尚书祁寯藻和刑部右侍郎黄爵滋正在福建查办事件，他们同闽浙总督邓廷桢及福建巡抚吴文镕会衔，建议浙江、福建、广东三省应添造大船六十只，每只配大小炮位三四十门。“通计船炮工费约须银数百万两”。他们说：“当此逆夷猖獗之际，思卫民弭患之方，讵可苟且补苴，致他日转增靡费。”宣宗不以为然。他以为海防全在平日认真操练，认真修理，“正不在纷纷添造也”。此是道光二十年七月（1840年）中的情形。

八月中，琦善报告懿律及义律已自大沽带船回南，并相约沿途不相攻击，静候新派钦差到广东与他们交涉。宣宗接了此折，就下一道上谕，一面派琦善为钦差大臣，一面教他“将应撤应留各兵分别核办”。琦善遵旨将大沽的防兵分别撤留了。

九月初四，山东巡抚托浑布的奏折到了北京，报告英国兵船八只于八月二十二日路过登州，向南行驶。托浑布买了些牛羊菜蔬“酌量赏给”。因此“夷众数百人一齐出舱，向岸罗拜，旋即开帆南驶。一时文武官弁及军吏士民万目环观，咸谓夷人如此恭顺，实出意料之外”。宣宗以为和议确有把握，于是连下了二道谕旨，一道“著托浑布体察情形，将前调防守各官兵酌量撤退归伍，以节靡费”；一道寄给盛京将军耆英、署两江总督裕谦及广东巡抚怡良："著详加酌核，将前调防守各官兵分别应撤应留，妥为办理。"适同日闽浙总督邓廷桢奏折到京，报告从福建调水勇八百名来浙江。宣宗就告诉他，现在已议和，福建的水勇团练应分别撤留，"以节靡费"。是则道光二十年九月初，琦善尚在直隶总督任内，宣宗为"节省靡费"起见，已令沿海七省裁撤军队。

琦善于十一月六日始抵广东。他尚在途中的时候沿海七省的撤防已经实行了。奉天、直隶、山东与战争无关系，可不必论。南四省中首先撤防者即江苏。裕谦于十月三日到京的折内报告，共撤兵五千一百八十名。并且"各处所雇水陆乡勇亦即妥为遣散"。十一月十七日的报告说陆续又撤了些："统计撤兵九千一百四十名。"广东及浙江撤兵的奏折同于十一月一日到京。怡良说："查虎门内外各隘口兵勇共有万人。督臣林则徐前次奉到谕旨，当即会同臣将次要口隘各兵陆续撤减两千余名。臣复移咨水陆各提镇，将各路中可以撤减者再为酌核情势，分别撤减以节靡费。"撤兵的上谕是九月初四发的，罢免林则徐的上谕是九月初八发的。怡良所说广东初次撤兵是由林与他二人定夺，此说是可能的。怡良署理总督以后，又拟再撤，但未说明撤多少。伊里布在浙江所撤的兵更多，照他的报告共撤六千八百名，共留镇海等处防堵者五千四百名。南四省之中，惟福建无撤兵的报告。

总结来说，与鸦片战争有关系的四省，除福建不明外，余三省——江苏、浙江、广东——均在琦善未到广东以前，已遵照皇帝的谕旨实行撤兵。江苏所撤者最多，浙江次之，广东最少。广东在虎门一带至少撤了两千兵勇，至多留了八千兵勇。道光二十年秋冬之间，撤防诚有其事，并且是沿海七省共有的，但撤防的责任不能归诸琦善，更不能归诸他一人。

琦善未到任以前的撤防虽不能归咎于他，他到任以后的行动是否“开门揖盗”？二十年十二月和二十一年二月的军事失败是由于琦善到任以后的撤防吗？散漫军心吗？陷害忠臣吗？

琦善初到广东的时候，中、英已发生军事冲突，因为中国守炮台的兵士攻击了义律派进虎门送信而挂白旗的船只。这不但犯了国际公法，且违了朝廷的谕旨，因为宣宗撤兵的上谕已经明言：除非外人起衅，沿海各处不得开火。琦善本可惩办，但他的奏折内不过说：“先未迎询来由，辄行开炮攻打，亦不免失之孟浪。”接连又说：“惟现在正值夷兵云集，诸务未定之时，方将激励士气，藉资震慑而壮声威。若经明白参奏，窃恐寒我将士之心，且益张夷众桀骜之胆。”同时他一面咨行沿海文武官吏，在未攻击之先，须询明来由；“一面仍以夷情叵测，虎门系近省要隘，未便漫无堤防，随饬委署广州府知府余保纯、副将庆宇、游击多隆武等前往该处，妥为密防”。是则琦善不但不愿散漫军心，且思“激励士气”；不仅未撤防具，且派员前往虎门“妥为密防”。

十二月初，和议暂趋决裂。琦善“遂酌调肇庆协兵五百名，令其驰赴虎门，并派委潮州镇总兵李庭钰带弁前往帮办。又酌调督标兵五百名，顺德协兵三百名，增城营兵三百名，水师提标后营兵两百名，水师提标前营兵一百五十名，永静营兵一百名，拨赴距省六十里之总路口、大濠头、沙尾、猎德一带，分别密防。并于大濠头水口填石沉船，藉以虚张声势，俾该夷知我有备”。总计兵一千九百五十名，不能算多，且广州第一道防线的虎门只五百名，虎门以内大濠头诸地反增一千四百余名。于此，我们就可窥测琦善对军事的态度及其所处地位的困难。他在大沽与英人交涉的时候，就力言中国万非英国之敌。到了广东，他的奏折讲军备进行者甚少，讲广东军备不可靠者反多。如在十二月初四的具折内，他说不但虎门旧有的各炮台布置不好，“即前督臣邓廷桢、林则徐所奏铁链，一经大船碰撞，亦即断折，未足抵御。盖缘历任率皆文臣，笔下虽佳，武备未谙。现在水陆将士中又绝少曾经战阵之人，即水师提臣关天培亦情面太软，未足称为骁将。而奴才才识尤劣，到此未及一月，一旦经费无出，且欲制造器械，训练技艺，遴选人才，处处棘手，缓不济急”。琦善对军事既如此悲观，故不得不和；然和议又难成，不得不有军备，“藉以虚张声势”，“俾该夷知我有备”；且身为总督，倘失地责不容辞。但军备不但“缓不济急”，且易招外人之忌，和议更易决裂，故只能“妥为密防”，但只能在虎门内多增军队，所以他犹疑不决。结果国内主战派攻其“开门揖盗”，英人则责其无议和的诚心，不过迁延时日，以便军备的完竣。他们说：“此种军备进行甚速。”（Were going on with the utmost expedition）英人采先发制人的策略，遂于十二月十五日晨攻击大角、沙角两炮台。

结果中国大失败。二个炮台均失守；水师船只几全覆没；兵士死者约五百，伤者较少；炮位被夺被毁者共一百七十三尊。英人方面受伤者约四十，死亡者无人。防守大角、沙角约两千人，英兵登陆来攻者共一千四百六十一人，内白人与印度人约各半。此役中国虽大败，然兵士死亡之多足证军心尚未散漫。炮位损失有一百七十三尊，内二十五尊在大角，七十二尊在沙角，余属师船，足证防具并未撤。我们还记得：在虎门十台之中，大角、沙角的地位不过次要。道光十五年整理虎门防务的时候，关天培和署理粤督祁土贡就说过：“大角、沙角两台在大洋之中，东西对峙，惟中隔海面一千数百丈，相距较远，两边炮火不能得力，只可作为信炮望台。”平时沙角防兵只三十名，大角只五十名；二月十五之役，二台共有兵士两千名，不能算少。至于军官及兵丁的精神，外人众口一词地称赞。虽然，战争不满二时而炮台已失守，似无称赞的可能。欧洲的军士对于败敌素尚豪侠，他们的称赞不能不打折扣。但是我们至少不应说琦善“开门揖盗”。

此役以后，琦善主和的心志更坚决，遂于十二月二十七日与义律订了草约四条。他虽然费尽了心力求朝廷承认草约，宣宗一意拒绝。愈到后来，朝廷催战的谕旨愈急愈严，琦善于无可如何之中，一面交涉，一面进行军备。他的奏折内当然有调兵增防的报告，但我们可利用英人的调查以评他的军备。正月二十三，义律派轮船Nemesis 到虎门去候签订正式条约日期的信息。此船在虎门逗留了四天，看见威远、镇远及横档三炮台增加沙袋炮台（Sandbag batteries），并说三台兵士甚多。别的调查的船只发现穿鼻的后面正建设炮台，武山的后面正填石按桩以塞夹道。二月一日，义律亲自到横档，查明自 Nemesis 报告以后，又加了十七尊炮。二月二日，英人截留了中国信船一只，内有当局致关天培的信，嘱他从速填塞武山后的交通。于是英人确知琦善已定计决战，遂于二月五日下第二次的攻击令。

道光二十一年二月五日、六日的战役是琦善的致命之伤，也是广东的致命之伤。战场的中心就是威远、镇远、横档三炮台，所谓虎门的天险。剧烈的战争在六日的正午，到午后二点，三台全失守。兵士被俘虏者约一千三百名，阵亡者约五百名，提督关天培亦殉难。炮位被夺被毁者，威远百零七尊，临时沙袋炮台三十尊，镇远四十尊，横档百六十一尊，巩固四十尊。此役的军心不及十二月十五日，横档的官佐开战之初即下台乘船而逃，且锁台门以防兵士的出走，然亦有死抗者。失败的理由不在撤防，因为炮台上的兵实在甚多，炮位亦甚多，而在兵士缺乏训练及炮的制造与安置不合法。失败之速则由于关天培忽略了下横档。此岛在横档的南面，镇远的西面。关天培以为横档及威远、镇远已足以制敌，下横档无关紧要，故在道光十五年整理虎门防备的时候就未注意。不料英人于二月五日首先占领下横档，并乘夜安大炮于山顶。中国的策略只图以台攻船，而二月六日英人实先以台攻台。战争的失败，琦善或须负一部分的责任，但是说他战前不设备，战中节节后退，不但与事实相反，且与人情相反。英人Davis 甚至说琦善的军备已尽人事天时的可能。时人及以后的历史当然不信中国反不能与“岛夷”敌，他们说中国所以败，全由宣宗罢免林则徐而用琦善。他们以为林是百战百胜的主帅，英人畏之，故必去林而后始得逞其志，英人在大沽的交涉不过行反间之计。时人持此论最力者要算裕谦。江上蹇叟（夏燮）根据他的话就下了一段断语，说："英人所憾在粤而弃疾于浙者，粤坚而浙瑕也。兵法攻其瑕而坚者亦瑕。观于天津递书，林、邓被议，琦相入粤，虎门撤防，则其视粤也如探囊而取物也。义律本无就抚之心，特藉琦相以破粤东之局。"魏源的论断比较公允，然亦曰欲行林的激烈政策，"必沿海守臣皆林公而后可，必当轴秉钧皆林公而后可"。不说"沿海守臣"及"当轴秉钧"，即全国文武官吏尽是如林则徐，中国亦不能与英国对敌。在九龙及穿鼻与林则徐战者不过一只配二十八尊炮的 Volage 及一只配二十尊炮的Hyacinth。后与琦善战者有陆军三千，兵船二十余只，其大如Wellesley、Blenheim、Melville，皆配七十四尊炮。然而九龙及穿鼻的战役仍是中国失败，且虎门失守的时候，林则徐尚在广州，且有襄办军务的责任！英国大军抵华以后，不即攻粤而先攻定海者，因为英政府以为广东在中国皇帝的眼光里不过边陲之地，胜负无关大局，并不是怕林则徐。当时在粤的外人多主张先攻虎门，惟独*Chinese Repository*月报反对此举，但亦说：倘开战，虎门炮台的扫平不过一小时的事而已。至于去林为英国的阴谋，更是无稽之谈。英人屡次向中国声明：林之去留与英国无关系。实则林文忠的被罢是他的终身大幸事，而中国国运的大不幸。林不去，则必战，战则必败，败则他的声名或将与名琛相等。但林败则中国会速和，速和则损失可减少，是中国的维新或可提早二十年。鸦片战争以后，中国毫无革新运动，主要原因在时人不明失败的理由。林自信能战，时人亦信其能战，而无主持军事的机会，何怪当时国人不服输！

战争失败的结果就是《南京条约》，这是无可疑问的。但战争最后的胜负并不决在虎门，而在长江，《南京条约》的签字距虎门失守尚有一年半的功夫。到了道光二十二年的夏天，英国军队连下了吴淞、上海并占了镇江，而南京危在旦夕，这时候朝廷始承认英国的条件而与订约。正像咸丰末年，英、法虽占了广州省城，清廷仍不讲和；直到联军入京然后定盟。琦善在广东的败仗远不如牛鉴在长江的败仗那样要紧。

总结来说：琦善与鸦片战争的军事关系无可称赞，亦无可责备。败是败了，但致败的原由不在琦善的撤防，而在当时战斗力之远不及英国。琦善并未撤防或“开门揖盗”，不过他对战争是悲观的。时人说这是他的罪，我们应该承认这是他的超人处。他知道中国不能战，故努力于外交。那么，他的外交有时人的通病，也有他的独到处。现在请论琦善与鸦片战争的外交关系。

懿律及义律率舰队抵大沽的时候，琦善以世袭一等侯、文渊阁大学士任直隶总督。他是满洲正黄旗人。嘉庆十一年，他初次就外省官职，任河南按察使，后转江宁布政使，续调任山东、两江、四川各省的督抚。道光十一年，补直隶总督。鸦片战争以前，中国的外交全在广东，故琦善在官场的年岁虽久，但于外交是绝无经验的。

道光二十年七月十四，懿律等到了大沽。琦善遵旨派游击罗应鳌前往询问。罗回来报告说：英人“只谓迭遭广东攻击，负屈之由无从上达天听，恳求转奏”。此种诉屈伸冤的态度是琦善对付英人的出发点，是至关重要的。这态度当然不是英政府的态度。那么，误会是从何来的呢？或者是义律故意采此态度以图交涉的开始，所谓不顾形式只求实际的办法。或者是翻译官马礼逊未加审慎而用中国官场的文字。或者是琦善的误会。三种解释都是可能的，都曾实现过的，但断断不是琦善欺君饰词，因为他以后给英人文书就把他们当做伸冤者对待。琦善一面请旨，一面令英人候至二十日听回信。十七日谕旨下了，十八日琦善即派千总白含章往英船接收正式公文。

此封公文就是英国外部大臣巴麦尊爵士（Viscount Palmerston）致“大清国皇帝钦命宰相”的照会。此文是鸦片战争最紧要的外交文献，研究此战者必须细审此照会的原文与译文。译者遵照巴麦尊的训令只求信，不求雅。结果不但不雅，且不甚达。但除一句外，全文的翻译确极守信。这一句原文是“To demand from the Emperor satisfaction and redress”，译文变为“求讨皇帝昭雪伸冤”。难怪宣宗和琦善把这个外交案当做属下告状的讼案办！

这照会前大半说明英国不满意中国的地处，后小半讲英国的要求。中国禁烟的法子错了，烟禁的法律久成具文，何得全无声明忽然加严？就是要加严，亦当先办中国的官吏，后办外人，因为官吏“相助运进，额受规银任纵”。中国反首先严办外人，宽赦官吏，岂不是“开一眼而鉴外人犯罪，闭一眼不得鉴官宪犯罪乎”？就是要办外人，亦应分别良莠，不应一概禁锢，“尽绝食物，所佣内地工人，见驱不准相助”。如外人不缴烟土，即“吓呼使之饿死”。不但英国商人是如此虐待，即“大英国家特委管理领事”“亦行强迫凌辱”。这是“亵渎大英国威仪”。因此层层理由，英国第一要求赔偿烟价。第二要求割让一岛或数岛，作为英商居住之地，“以免（日后）其身子磨难，而保其赀货妥当”。第三要求中国政府赔偿广州行商的积欠。第四要求以后中、英官吏平等相待。第五要求赔偿战费及使费。倘中国“不妥善昭雪定事，仍必相战不息矣”。照会内虽未提及林则徐的名字，只说“其官宪”，中外皆知英国所不满意的禁烟办法皆是林的行动。照会的口气虽是很强硬，但全文的方式实在是控告林的方式。

巴麦尊爵士给懿律及义律的训令有一段是为他们交涉时留伸缩地步的。他说：倘中国不愿割地，那么可与中国订通商条约，包括（一）加开通商口岸；（二）在口岸，外人应有居留的自由及生命财产的保护；（三）中国须有公布的（Publicly known）及一定的（Fixed）海关税则；（四）英国可派领事来华；（五）治外法权。除治外法权一项，余皆为国际的惯例，并无不平等的性质，且并不有害于中国。订商约或割地这二者，中国可择其一，这点选择的自由就是当时中国外交的机会，要评断琦善外交的优劣就在这一点。

琦善接到了巴麦尊的照会，一面转送北京请旨，一面与懿律约定十天内回答。廷臣如何计议，我们不能知其详细。计议的结果，就是七月二十四日的二道谕旨。一道说：“大皇帝统驭寰瀛，薄海内外，无不一视同仁。凡外藩之来中国贸易者，稍有冤抑，立即查明惩办。上年林则徐查禁烟土，未能仰体大公至正之意，以致受人欺蒙，措置失当。兹所求昭雪之冤，大皇帝早有所闻，必当逐细查明，重治其罪。现已派钦差大臣驰至广东，秉公查办，定能代伸冤抑。该统帅懿律等著即返掉南还，听候办理可也。”此道上谕可说是中国给英国的正式答复。其他一道是给琦善的详细训令。“所求昭雪冤抑一节，自应逐加访察，处处得实，方足以折其心……俾该夷等咸知天朝大公至正，无稍回护，庶不敢藉蒙伸冤，狡焉思逞也”。至于割让海岛，“断不能另辟一境，致坏成规”。所谓“成规”就是一口通商。行商的积欠“亦应自为清理，朝廷何能过问”？换言之，广东行商所欠英人的债，英人应该向行商追讨，何得向朝廷索赔？“倘欲催讨烟价，著谕以当日呈缴之烟原系违禁之件，早经眼同烧毁，既已呈缴于前，即不得索价于后”。这种自大的态度何等可笑！英国所要求者一概拒绝，惟图重治林则徐的罪以了案，这岂不是儿戏！但在当时，这是极自然、极正大的办法。“薄海内外无不一视同仁”：这岂不是中国传统的王道？英国既以控告林则徐来，中国即以查办林则徐回答：这岂不是皇帝“大公至正之意”？

八月二日，琦善即遵旨回答了英国代表。他们不满意，要求与琦善面议。琦善以“体制攸关”，不应该上英国船，遂请义律登岸。八月初四、初五，他们二人在大沽海岸面议了两次。义律重申要求，琦善照圣旨答复，交涉不得要领。最困难的问题是烟价的赔偿。八月十八、十九琦善复与懿律移文交涉，他最后所许者，除查林则徐外，还有恢复通商及赔烟价的一部分二条："如能照常恭顺，俟钦差大臣到彼查办，或贵国乞恩通商，据情具奏，仰邀恩准，亦未可定。""如贵统帅钦遵谕旨，返棹南还，听钦差大臣驰往办理，虽明知烟价所值无多，要必能使贵统帅（懿律）有以登复贵国王，而贵领事（义律）亦可申雪前抑。果如所言，将有利于商贾，有益于兵民，使彼此相安如初，则贵统帅回国时必颜面增光，可称为贵国王能事之臣矣。"英国代表于是"遵循皇帝的意旨"（In Compliance with the pleasure of the Emperor），开船往广东，并约定两国停止军事行动。

英国政府所以教懿律及义律带兵船来大沽者，就是要他们以武力强迫中国承认英国的要求。懿律等在大沽虽手握重兵，然交涉未达目的即起碇回南，且说回南是遵循中国皇帝的意旨。难怪巴麦尊几乎气死了，难怪中国以为"抚夷"成功了。宣宗因此饬令撤防，"以节靡费"。且即罢免林则徐以表示中国的正大。大沽的胜利是琦善得志的阶梯，也是他日后失败的根由。懿律等的举动不但不利于英国，且不利于中国，因为从此举动发生了无穷的误会。但他们也有几种理由：彼时英兵生病者多，且已到秋初，不宜在华北起始军事行动。琦善态度和平，倘与林则徐相比，实有天壤之别。他们想在广东与他交涉，不难成功。他们在大沽不过迁就，并不放弃他们的要求。

琦善在大沽除交涉外，同时切实调查了敌人的军备。他的报告和朝廷改变林则徐的强硬政策当然有密切的关系。英国军舰的高大，这是显而易见的。“又各设有大炮，约重七八千斤。炮位之下设有石磨盘，中具机轴，只须转移磨盘，炮即随其所向”。此外还有“火焰船”，“内外俱有风轮，中设火池，火乘风起，烟气上熏，轮盘即激水自转，无风无潮，顺水逆水，皆能飞渡”。当时的人如林则徐所拟破夷之法，琦善以为皆不足恃。倘攻夷船的下层，“夷船出水处所亦经设有炮位，是其意在回击也”。若欲穿其船底，则外人水兵“能于深五六丈处，持械投入海中，逾时则入跳跃登舟，直至颠顶，是意在抵御也”。此外还有纵火焚烧的法子，“今则该夷泊船，各自相离数里，不肯衔尾寄碇……是意在却避延烧也”。“泥恒言以图之，执成法以御之，或反中其诡计，未必足以决胜”。这是琦善“知彼”的工夫。

对于这样的强敌，中国有能力可以抵抗吗？琦善说中国毫无足恃。“该夷所恃者为大炮，其所畏者亦惟大炮”。那么，中国正缺乏大炮，譬如在“山海关一带本无存炮，现饬委员等在于报部废弃炮位内检得数尊，尚系前明之物，业已蒸洗备用”。华北如此，华南亦难操胜算。“即如江、浙等省所恃为外卫者，原止长江大海。今海道已被该夷游奕，长江又所在可通，是险要已为该夷所据，水师转不能入海穷追”。假设中国能于一处得胜，英国必转攻别处；假使我们能于今年得胜，英国必于明年再来。“欲求处处得胜，时时常胜，臣实不免隐存意外之虞”。“边衅一开，兵结莫释。我皇上日理万机，更不值加以此等小丑跳梁时殷宸廑。而频年防守，亦不免费饷劳师”。这是琦善“知己”的工夫。

外交的元素不外“理”与“势”。鸦片战争的时候，中、英各执其理，各行其是。故中、英的问题，论审势，论知己彼的工夫，琦善无疑的远在时人之上。琦善仍是半知半解，但时人简直是无知无解。所以琦善大声疾呼的主和，而时人斥为媚外，或甚至疑其受英人的贿赂。

不幸，十一月六日琦善到广东的时候，国内的空气及中、英间的感情均不利于和议。伊里布在浙江曾要求英国退还定海，英人不允，朝野因之以为英国求和非出于至诚。在英国方面，因中国在浙江抢夺二十多个英国人，且给以不堪的待遇，决战之心亦复增加。十一月内，浙抚刘韵珂、钦差大臣祁寯藻，黄爵滋，御史蔡家玕相继上奏，说英人有久据定海的阴谋。朝廷主和的心志为之摇动。同时义律在广东多年，偏重广州通商的利益，主张在广州先决胜负。所以他在广东的态度，比在大沽强硬多了。中国对他送信的船开了炮，他就派兵船来报复。所以琦善到广东后的第一次奏稿就说义律的词气“较前更加傲慢”。适此时懿律忽称病，交涉由义律一人负责。琦善莫名其妙，“初六日（委员）接见懿律时，虽其面色稍黄，并无病容，然则何至一日之间遽尔病剧欲回”？那么此中必有狡计：“今懿律猝然而行，或就此间别作隐谋，或其意见与义律另有参差，抑或竟系折回浙江，欲图占据，均难逆料。”所以琦善就飞咨伊里布，教他在浙江严防英人的袭攻。

这样的环境绝非议和的环境，但广东的军备状况更使琦善坚持和议。他说广东“水师营务，微特船不敌夷人之坚，炮不敌夷人之利，而兵丁胆气怯弱。每遇夷船少人稀之顷，辄喜贪功；追见来势强横，则皆望而生惧”。他第一步工作当然是联络感情和缓空气。他教水师参将致信懿律：“声明未询原委，擅先开炮，系由兵丁错误，理在严查惩办。”如此冲突免了，而双方的面子都顾到了。同时他又释放了叱咀吨（Vincent Staunton）。此不过在澳门外人的一个教书先生，因至海岸游泳，民人乘机掳之而献于林则徐以图赏资，英人已屡求释放而林不许。琦善此举虽得罪了林派，尤为英人所感激。空气为之大变，交涉得以进行。

义律交涉的出发点就是前在大沽所要求的条件：

（1）他要求赔偿烟价，首先要两千万元，后减至一千六百万，又减到一千二百万。琦善先许三百万，续加至四百万，又加至五百万。这是市场讲价式的外交。（2）兵费一条，琦善坚决拒绝，“答以此系伊等自取虚糜。我军增兵防守，亦曾多费铜银，又将从何取索”？（3）行商的欠款应由行商赔补。（4）义律允退还定海，但要求在粤、闽、浙沿海地方另给一处。琦善以为万万不可：“假以偏隅尺土，恐其结党成群，建台设炮，久之渐成占据，贻患将来，不得不先为之虑。且其地亦甚难择，无论江、浙等处均属腹地，断难容留夷人，即福建之厦门一带，亦与台湾壤地相连……无要可扼，防守尤难。”（5）中、英官吏平等一节，琦善当即许可。这是十一月二十一以前交涉的经过。十二月初七的上谕不许琦善割尺寸地，赔分毫钱，只教他“乘机攻剿，毋得示弱”。于是全国复积极调兵遣将了。

这道上谕十二月二十左右始到广东。未到之先，琦善的交涉又有进展。烟价的赔偿定六百万元，分五年交付。交涉的焦点在割地，义律要求香港，琦善坚持不可：“即香港亦宽至七八十里，环处众山之中，可避风涛。如或给予，必致屯兵聚粮，建台设炮。久之必觊觎广东，流弊不可胜言。”香港即不能得，义律遂要求添开口岸二处。琦善以为“添给贸易码头，较之给予地方，似为得体”。他本意愿添二处，但为讲价计，先只许厦门一处，且只许在船上交易，不许登岸。义律颇讨厌这种讲价式的交涉，遂以战争胁之。琦善虽一面备战，他的实心在求和。他十二月初四所具的折内求朝廷许添通商口岸。粤东防守如何不可靠，他在折内又说了一遍：“盖缘历任率皆文臣，笔下虽佳，武备未谙”“即前督臣林则徐、邓廷桢所奏铁链，一经大船碰撞，亦即断折，未足抵御。”初六日，义律请他到澳门去面议。他以为“无此体制”，并恐“狼子野心”“中怀叵测”，只许移文往来。十四日，义律声明交涉决裂，定于明日攻击。琦善的复信尚未发去，中、英已开始战争了。

十二月十五日，大角、沙角失守了，琦善的交涉就让步。二十七日，遂与义律定了《穿鼻草约》：（1）中国割让香港与英国，但中国得在香港设关收税，如在黄浦一样。（2）赔款六百万元，五年交清。（3）中、英官吏平等。（4）广州于道光二十一年正月初旬复市。在英国方面，即时退还定海。此约是琦善外交的结晶。最重要的就是割让香港。在定约的时候，琦善已经接到了不许割地不许赔款的谕旨。照法律他当然有违旨的罪。但从政治看来，琦善的草约是当时时势所许可的最优的条件，最少的损失。我们倘与《南京条约》相较，就能断定《穿鼻草约》是琦善外交的大胜利。《南京条约》完全割香港，《穿鼻草约》尚保留中国在香港收税的权利。《南京条约》开五口通商，《穿鼻草约》仍是广东一口通商。《南京条约》赔款二千一百万元，《穿鼻草约》赔款只六百万元。我们倘又记得义律因订《穿鼻草约》大受了巴麦尊的斥责，我们更能佩服琦善外交了。

定了此约以后，琦善苦口婆心的求朝廷批准，二十一年正月二十五到京的奏折可说是他最后的努力。他说战争是万不可能，因为地势无要可扼，军械无利可恃，兵力不固，民心不坚。“奴才再次思维，一身所系犹小，而国计民生之同关休戚者甚重且远。盖奴才获咎于打仗之未能取胜，与获咎于办理之未合宸谟，同一待罪。余生何所顾惜，然奴才获咎于办理之未合宸谟，而广东之疆地民生犹得仰赖圣主洪福，藉保义安。如奴才获咎于打仗之未能取胜，则损天威而害民生，而办理更无从措手。”宣宗的朱批说：“朕断不似汝之甘受逆夷欺侮戏弄，迷而不返。胆敢背朕谕旨，仍然接递逆书，代逆恳求，实出情理之外，是何肺腑，无能不堪之至！”“琦善著革去大学士，拔去花翎，仍交部严加议处。”部议尚未定夺，怡良报告英占据香港的奏折已于二月初六到了北京。宣宗即降旨：“琦善著革职锁拿……家产即行查抄入官。”北京审判的不公，已于上文说明。琦善与鸦片战争的关系，在军事方面，无可称赞，亦无可责备。在外交方面，他实在是远超时人，因为他审察中外强弱的形势和权衡利害的轻重，远在时人之上。虽然，琦善在中国历史上的地位不能算重要，宣宗以后又赦免了他，使他作了一任陕甘总督，一任云贵总督。他既知中国不如英国之强，他应该提倡自强如同治时代的奕䜣、文祥及曾、左、李诸人，但他对于国家的自强竟不提及。林则徐虽同有此病，但林于中外的形势实不及琦善那样的明白。

（原载《清华学报》第六卷第三期，社会科学号，中华民国二十年十月）

三、民族复兴的一个条件

凡抱有事业志愿而入政界者，十之八九在极短的时期内无不感叹的说："在中国作官可以；作官而要同时作事，很困难；作事而又认真，很危险；认真而且有计划，那简直是不可能。"为作官而作官的，只要人人敷衍，事事通融，反得久于其位，步步高升。官场最不可缺的品格是圆滑，最宝贵的技术是应付。这种自然的淘汰是淘汰民族中之强者、有能为者，保留民族中之弱者、庸碌无能者。

这种风气的盛行已太久了，在前清宣统年间，全国所认为罪魁的是盛宣怀。其实当时的权贵，哪一个作的事之多且大可以比得盛宣怀？社会对其贪污之厌弃，固是公论，但对其他创造之事业曾无一词的赞许，这岂算得公道？在光绪年间，权臣最受御史的弹劾及清议的批评的就是李鸿章。其实在光绪一朝，集其他人物的一切事业还不及李鸿章的事业的一半。在中国几千年的历史中，有几个人敢于大规模的改造传统的制度？这几个人的名誉又如何？秦始皇创造了大一统的中国，而论者只知其“暴”，那班假托为封建诸侯复仇的反得着了二千余年的士大夫同情。王莽及王安石乃我民族仅有的社会经济改造家，而二人之为奸，在士大夫的眼光里，只有程度的差别。这种空气只能培养高官达爵，不能产生事业家。

政界如此，其他各界亦复如此。最可痛心的是这种病态心理已深入教育界。现在在这界服务的人大多数只愿担任教学，不敢担任行政；担任教学的人大多数又只愿讲学，不愿督学。我国教育之宜改良，这是人人承认的。但是教育部长、校长、院长、系主任一动手改革，那就满城风雨了。若以报纸所载的为根据，中国人的理想大学是这样的：对教职员无论如何不裁人；对学生不收学费，津贴愈多愈好，按期发文凭。其实在我国的学术早已化成资格的造就。科举虽废了，科举的心理尚存在。

世界上只有一个民族，其注重个人主义可以与我们相比，那就是盎格鲁撒格逊人，但是他们以自食其力为荣，食人之力为耻；我们以自食其力为耻，食人之力为荣。他们崇拜英雄、事业家；我们不崇拜。在他们的社会里，不作事而说便宜话的没有立身之地；在我们这社会里，不作事者的骂人就是清议。英美是民治制度最发达的国家，但英美人民并不惜以重权付诸其领袖；我们号称几千年专制的国家，但在我们中间，有一人操权，就有百人忌他、骂他、破坏他。英美的个人主义是为个人谋创造的自由及机会，同时鼓励别人的创造；我们只有地位欲，我们不图创造，亦不容别人创造。

前几年，我有位青年朋友来找我，要我替他在南京政府里谋一差事。我问他能做什么，希望什么薪金。他说他能抄写，希望六七十元一月。我就告诉他，这六七十块钱也是人民出的，应该替人民作六七十块钱的事情。他回答很愤慨："在南京拿六七百元一月而全不做事的太多了，你何必计较这六七十元呢？"三十几年以前，中俄合办中东铁路的时候，俄国要保存合办名而实行独办，于是把位高禄厚无事的督办位置给中国人作；我们以为占了便宜，于是心满意足。近代在所谓中外合办的事业上，外人利用我民族这种弱点者还不仅俄国。

我们不要以为我们几千年来一切的国难都敷衍过去，这一次也能敷衍过去。我们现在所处的局势是几千年来未有之变局。美国提高银价，我们的农工商业就受重大打击：只有国家积极的政策能挽回万一。

英国要连日以制俄，我们就成了英国送给日本的礼物：这也不是靠圆滑的无为所能阻止的。日本放弃金本位，我们的幼稚工业就受压迫：这不是各工厂各自努力所能抵抗的。日本要为大和民族谋万世安全，我们就发生存亡的问题：这不是我们“独善其身”的传统哲学所能补救的。这种外来的压力，如同黄河长江的洪水，非强有力的政府，积极作事的政府，及全国的总动员，是无法抵御的。现在的世界是个积极的世界，事业的世界。

在这个当儿，我以为我们要首先改革我们的人生观。圆滑、通融、敷衍，以及甚么消极、清高都应该打倒。我们要做事。我们要修路、要治河、要立炼钢厂、要改良棉种麦种、要多立学校、立更好的学校。我们要作事，吃苦要做事，挨骂也要作事。官可不作事要作。别的可以牺牲、事业不可牺牲。作事的人，我们要拥护、要崇拜。说便宜话的人，纵使其说话说得十分漂亮，我们要鄙视。对一切公私事业，只要大政方针不错，我们只有善意的批评，没有恶意的破坏。我们知道，我们现在所做的事业都是新事业，是我民族没有经验过的事业。作或者要作错，不作则永远作不好。作尚有一线之望，不作等于坐以待毙。

革除地位的人生观，抱定事业的人生观：这是我民族复兴先决条件。

（原载一九三四年七月八日《大公报》）

四、国家的力量

研究自然科学者，总不至专讲理论而不顾事实，更不会提出与实施相违背的理论。研究政治经济及人文科学的人，往往高唱理论全不顾事实。他们当中以为只要理论是高尚的，事实可以不问，这是一个很危险的态度。

近代世界的文明，无论在物质方面，精神方面，当然有很大的进步。这是我们不能否认的事情。假使我们以为在文明进步期间，我们就可以不讲究国家力量，那就大大错误了。

我们打开历史一看，知道国际战争不限于某一时代或某一政治经济制度。资本主义国家在近一二百年内，确实推行过高度帝国主义，侵略过中国及其他许多国家。但是，在近代之前，我们也受过侵略，最明显的是辽金元的侵略，我们知道辽金元不但不是资本主义国家，简直就是游牧民族。满洲入关，他们也谈不到工业资本，他们是半游牧半农业民族。从欧洲历史上，我们知道石器时代的人，也曾经组织过国家，国与国间也相互拼争，战争与侵略实在是各个时代、各种社会、各种政制所不能避免的。

现在文明已经进步了，六十个国家已经组织了联合国来制裁侵略者，来维持国与国之间和平。我们对于联合国宪章十分表同情，对联合国事业是十分合作。但联合国仍旧是幼稚机构，联合国要演变到甚么程度，今天没有人敢预料。今天我们可以看清楚的是：联合国没有力量维持世界和平，如果任何国家把它的生存完全依靠联合国，则简直是儿戏。

文明虽有进步，在今天，世界没有力量的国家，仍旧是不能共存的国家。我希望各位青年朋友，绝对不可一刻忘记这一基本事实。

我们所需要讨论研究的，不是国家究竟要不要有力量，而是研究国家力量的因素及培养方法。

国家力量的因素之一，当然是土地和人口。

关于这个因素的看法，问题不在乎承认不承认土地和人口之重要，而在土地和人口以外，国防政治经济的配合究竟怎样？面积和人口的统计来讲，十八世纪不到一千五百万人口的英国，居然把两万万人口的印度灭了。在道光年间，二千五百万人口左右的英国，把四万万人口的大清国打败了。在抗战以前，据专家研究，中国人不分男女老幼，平均每年生产力等于美金三十元到四十元，在那时候，美国人不分男女老幼，平均每人生产力是一千美金。这等于说，二十五个中国人的生产力抵得过一个美国人，人口多土地广，若能够善于利用，当然是个大资本，不然，反变成负担了。

国家力量另一个因素是科学。

科学支配生产力，同时也支配国防力。现在最厉害的武器，当然是原子弹。世界国家中，能制造原子弹的只有三个国家，英、美、苏。能大量生产原子弹的仅美国一国。原子弹不说，我们只说飞机，世界国家中，能制造飞机的国家数目有限。别的国家如要建设空军，总是全部的，或局部的依靠这些能生产飞机的国家。有原子弹与没有原子弹的国家相比，不仅是不平等，简直是不同类。好像虎豹与牛羊一样之不同类。现在没有空军的国家还能有国防吗？靠外国制造来建设空军，又何等危险！

无论从国防或经济着想，科学的重要，我想大家都承认的，我并非说科学万能，我也不能说单靠科学我们便可以建国，我可以说科学的作用简直是无限的，没有科学的国家是不能长久生存的。

我们稍为看看科学生产能力的伟大。英国和日本都不是出棉花的国家，因为英国和日本培养许多科学家和工程师，英国和日本都有很大纺织业，英日纺织品甚至在国际市场上都占很重要的地位。

德国不是一个地大物博的国家，没有石油，没有橡胶，没有锡、钨、锑。在第二次世界大战中，德国军队之机械化程度，不在任何国家之下。

丹麦面积比我们台湾岛面积大十分之一，人口只有台湾岛之一半，在一九五一年，丹麦进出口贸易达十七亿八千万美金，丹麦还只是一个农业国家。

比利时面积比台湾岛小三千方英里，人口与台湾岛差不多，在一九五一年比利时的国际贸易达四十五亿四千万美金，比利时是个工业国家。

台湾岛的经济事业近来实在有很大进步，现在岛上生产力及生活水准，在亚洲各国之上，却与欧洲一比起来，我们便差远了，我们可能发展的程度还是很高的。如果，我们把岛内生产力增加十倍，我们才可以与西洋国家比较。

国家力量还有一个因素，那便是政治。

政治统一的国家比较有力量，内部不统一的国家，比较没有力量。十九世纪初叶，奥匈帝国当时是世界五强之一，因为那个帝国内部分裂，今天简直不存在了。法国物产丰富，科学发达，第二次大战后，法国的经济也有长足进步，但是法国政治派别很多，没有一党能够单独组阁，所以他政府寿命总是几个月，这是法国国力所以不能充分发挥的最大原因。在第一次世界大战的头两年，法国党派的竞争仍旧不停，以致国力薄弱。到了一九一七年，由克列孟梭领导，法国人组织了所谓神圣团结Union Sacrieo。全法国的人民，不分党派，团结起来，只求打退德国的侵略者，关于其他一切的争执，能搁置则搁置，不能搁置则彼此退让，法国终究转败为胜。今天我们所需要的是这种神圣团结。

内部的统一也有各种不同的方法，希特勒、墨索里尼及日本军阀，关于统一国家工作做得最彻底，但是因为领导不得法，在第二次大战中，三国都战败了。苏俄今天内部是百分之百的统一，他这种统一，利弊参半，表面上看起来很强，但是我认为这种政治力量是不能持久的，因为它这种统一是死板的、违反人性的。

从国家力量着想，究竟哪一种制度好？政治学家到今日还没有任何一个原则可以贡献给我们。大体说来，我认为民主政治是最有力量的政治。民主政治的推动要靠朝野通力之合作。有人说，英国政治的高明全在乎英国人承认反对党，不但有权力反对政府，并且有责任反对政府。不过事实上不是这样简单，在英国政治史上，最要紧的奥妙，是英国政治早就培养一种负责的反对。政府要民意支持才发生力量，反对党也必须有民意的支持才发生力量。如果反对党员唱高调或为私人或小组织谋利，久而久之，人民必要厌弃这种反对党。中国政治最大的问题，一则在反对党是否有法律上反对的权力，二则在反对党的反对是否负责任的，具有建设性的及能代表民意的。

革命的国家都喜欢谈政治制度，这是很自然的事。每次经过一段革命，必有新制度的产生。到这个阶段，许多讲新政者，好像打图案盖房子一样，结果许多新制度在社会上不能生根，运用起来，一点不灵活。有的时候，制度虽然是新的，运用的精神还是旧的，结果，有旧的坏处，而无新的好处，其实政制是一种有机性的东西，要适宜于当地的土壤及气候，那就是说，要适合人民生活习惯，知识水准及政治经验。政治设施不能根据抽象主义，革命是不得已的事情，改革也需要时间。有些国家因为有了革命而复兴，有些国家经过一次又一次革命而至于灭亡。政治制度和政策与国家力量生长是有很大关系。

文艺也是国家力量一种重要因素。

法国今天国际地位得力于法国的艺术创作不少。波兰民族精神保存以致亡国后一百五十年而复兴，不能不部分归功于肖邦（Chopin）的音乐。瑞典、挪威，因代代有伟大文学家出现，在西洋精神生活上总居先进地位，这两国的武力与经济不能算为头等，在国际间却能得到各国钦佩。所以在近代外交中，文化水平是重要工具。我在纽约常看见某一国的画展和某一个大文人到了纽约，不但联合国各代表，就是一般纽约居民，对这一国的尊敬，自然就提高了。我们曾经出过伟大文学家及伟大的画家，我相信我们中华民族有艺术天才，问题是我们能否诱导青年兴趣到文艺方面去？是否能对文艺有兴趣的青年给他们相当机会与鼓励？我们社会今天是否尊重文艺作家？我们风气是否适合大作品的出现？要鼓励及提高一国民族精神力量，其工具莫过于文学一书，我们现在处境是我们几千年来最大危机，我们当然要军力、经济力、政治力，同时我们也需要很伟大的精神力量，这种力量不能不求诸于我们的文艺家。

大国有大国的便宜，国家大小与存亡关系是很密切的，政治的高明，经济生产力之优厚，及一般文化水准之高尚，世界国家中没有超过捷克，究竟因为他太小了，所以在过去几十年中一次亡于德国，最近又亡于苏俄。

假使人口相等，面积相等的国家，他们间的等级决定于：（1）科学的运用及生产力量之培养，（2）全体人民能真心诚意拥护的政治制度，（3）精神文化，因为这些因素不同，我们常常发现同样人口、同样面积的国家间，差别也很大。近十几年来，因为工作关系，常与外国人士往来，我得着了一个坚决的信仰，那就是说；我们中国人是一个有作为有前途的民族，在科学政治及文艺各方面，我们的天才是无问题的，问题全在于天才的发挥。

（一九五四年五月十四日在台大法学院讲演词）

五、知识阶级与政治

我这里所讲的知识阶级是指专靠知识生活的人，那就是说，指一般以求知或传知为职业者。这个阶级包括教育界及舆论界，此外政界及法律界与知识阶级最近，且最容易混合。工商医界距离较远，但其中亦常有人著书立论，以求影响一时的思潮，这类的人常然也要算为知识阶级的。

知识阶级与政治的关系固极重要，但不可言之过甚。在中国，因为以往读书的目的和出路全在作官，又因为我们平素作文好说偏激和统括的话，于是有许多人把救国的责任全推在知识阶级身上。自我们略知西洋历史以后，一谈法国革命就想起卢梭，一谈苏俄革命就想起马克思和列宁。这些伟人不是知识阶级的人物么？他们所作的掀天动地的事业，我们也能作，至少我们这样讲。九一八以后，因为大局的危急，国人对知识阶级的期望和责备就更深了。我们靠知识生活的人也有许多觉得救国的责任是我们义不容辞的，我们不负起这个重担来，好像就无人愿负而又能负了。这样的看法自然能给我们不少的安慰。

可惜这个看法忽略了几个基本事实。第一，知识的力量虽大，但是也有限度，利害、感情、习惯、群众心理往往抵消知识的能力，历史家研究革命者并不全归功或归罪于某思想家。第二，中国人受过教育的太少了，思想的号召所能达到的是极有限制的，并且中国人太穷了，对于许多问题全凭个人利害定是非。第三，我们的知识阶级，如国内其他阶级一样，也不健全的，许多忙于为自己找出路就无暇来替国家找出路了。我说这些话不是要为我们开脱责任，不过我觉得政治是全盘生活的反映，救国是各阶级同时努力凑合而成的。知识阶级当然应负一部分的责任，甚至比其他各阶级要负较大一部分的责任。但是一个阶级，如同一个私人，倘不知自己的限制，事事都干起来，结果一事都无成。或者因为我们要负责而事实上又不能，就置国事于不闻不问了。有些因此抱悲观，几于要自杀。

在未谈知识阶级究竟对于政治的改良能有什么贡献之先，我可指点出来两个事件是知识阶级所不应该作的。

第一，我们文人，知识阶级的人，不应该勾结军人来作政治的活动。几十年来，文人想利用军人来政治改革的不知有了多少，其结果没有一次不是政治未改革而军阀反产生了一大堆。康梁想利用军人来改革，于是联络袁世凯。到戊戌变法最紧急的时候，袁世凯只顾了自己升官的机会，不惜牺牲全盘新政。我们绝不可说康梁是瞎眼的人，因为康梁的眼光并不在一般人之下。甲午以后，中国号称知兵的人要算袁世凯的思想最新。光绪末年，新知识界的人由袁氏提拔出来的很多，新政由他提倡的或助成的也是不少。如果康梁可靠军人来改革，那么，无疑的他们应该找袁世凯。康梁以后的政治改革家，虽其改革方案不同，其改革方法则如出一辙。连动军队和军人是清末到现在一切文人想在政界活动的惟一的法门。倘孙中山先生今日尚存在，看现在中国这可怜的状况，他不曾懊悔靠军人来革命么?

中国近二十年内乱之罪，与其归之于武人，不如归之于文人。武人思想比较简单，欲望亦比较容易满足。文人在一处不得志者，往往群集于他处，造出种种是非，尽他们挑衅离间之能事。久而久之，他们的主人翁就打起仗来了。他们为主人翁所草的宣言和通电都标榜很高尚的主义，很纯粹的意志，好像国之兴亡在此一举。其实这些主义和意志与他们的主人翁是风马牛不相及的，这些宣言和通电，有许多是他们的主人翁看都不看的。主人翁幸而得胜了，他们就作起大官来。不幸而失败了，他们或随主人翁退守一隅，以求卷土重来；或避居租界，慢慢的再勾结别的军人。民国以来的历史就是这个循环戏的表演。这样的参加政治——文人参加政治的十之九是这样的——当然不能使政治上轨道。

第二，知识阶级的政治活动不可靠“口头洋” 。西洋政治制度和政治思想，当作学术来研究是很有兴趣而且很有价值的，当作实际的政治主张未免太无聊了。愈讲这些制度和思想，我们会愈离事实远，而我们的意见愈不能一致。我们现在除中国固有的制度和学说以外，加上留美、留英、留法、留德、留俄、留日的学生所带回的美、英、法、德、俄、日的各时代、各派别的思想和所拟的制度，我们包有中外古今的学说和制度了。难怪这些东西在我们的胃里打架，使我们有胃病。我常想假使中国从初派留学生的时候到现在，所有学政治经济的都集中于某一国的某一个大学，近二三十年的纷乱可以免去大部分。其实这些学说的制度在讲者口里不过是“口头洋”，在听者那方面完全是不可懂的外国话。我们的问题不是任何主义或任何制度的问题。我们的问题是饭碗问题，安宁问题。这些问题是政治的ABC。字母没有学会的时候，不必谈文法，更不必谈修辞学。

谈有甚麽好处呢？自从回国以后，我所看见的政变已有了许多次。在两派相争的时候，双方的主张，倘能实行去来，我看都不错。经过所谓政变以后，只有人变而无政变。所以我们的政变简直是愈变愈一样。使我最感困难的是两派中的领袖都有诚心想干好的，他们发表政治主张的时候，他们也有实在想作到的，并不是完全骗人。无非甲派所遇着的困难——政府没有钱，同事要掣肘，社会无公论，外人要侵略等等——并不因为乙派的上台就忽然都消灭了。如果我们政治的主张都限于三五年内所能做到的，我们意见的冲突十之八九就没有了。以往我们不谈三五年内所能做，所应做的事，而谈四五十年后的理想中国，结果发生了许多的争执，以致目前大家公认为应做而能做的，都无法做了。

在政治后进的国家，许多改革的方案免不了抄袭政治先进的国家。在社会状况和历史背景相差不远的国家之间，这种抄袭比较容易，且少危险；相差太远了，则极难而又危险。俄国与欧西相差不如中国与欧西相差之远，但在俄国，知识阶级这种抄袭已引起了许多政治困难。苏俄革命以前的十馀年，俄国政党之中最有势力的莫过于立宪民治党（Constitutional Democratic Party，简称Cadets），当时俄国的知识阶级几全属于这一党。他们所提出的政治方案即普选，国家主权在国会，责任内阁，及人权与民权。这个方案与俄国百分之八十的人民——农民——全不关痛痒。农民不但不想当议员阁员，连选举权也不想要。至于人权，如言论自由，他们就无言论；出版自由，他们并不要出版。他们所要的是土地，而关于这点言论，立宪民治党却不注意了。这一党的人才盛极一时，办报，发宣言，著书，在国会里辩论这一套是他们的特长。假使生长在英国，他们很可以与英国自由党的人才比美。生长在俄国，他们总不能生根。他们的宣传，很像中国学生在学校里贴标语一样，是对团体以内的，对于外界就绝无影响了。在俄国历史上，这一党惟一的贡献是为共产党开了路。尽了这点义务以后，它就成了废物。中国的知识阶级大可不必蹈俄国立宪民治党的覆辙。

知识阶级不能单独负救国的责任，这是我在上文已经说过的。但是有两件事是我们应该努力去作的。第一，中国不统一，内乱永不能免，内乱不免，军队永不能裁，而建设无从进行。近几十年来的内乱，文人要负大部分的责任。我们应该积极的拥护中央，中央有错：我们设法纠正，不能纠正的话，我们还是拥护中央，因为它是中央。我以为中国有一个强而有力的中央政府，纵使它不满人望，比有三四个各自为政的好，即使这三四个小朝廷好像都是励精图治的。我更以为中国要有好政府必须有一个政府始。许多人说政府不好不能统一，我说政权不统一，政府不能好。

现在政府的缺点大部份不是因为人的问题，是因为事的问题。我们既没有现代的经济，现代的社会，现代的人民，哪能有现代的政治？那么，要建设现代的经济社会，培养现代人民，这不是乱世所能于的事。同时只要有个强而有力中央政府能维持国内的安宁，各种事业——工业、商业、交通、教育——就自然而然的会进步。就是政府采取胡适之先生所谓“无为”的主义，这些事业也会进步。现在国内各界人士都有前进的计划和志愿，因为时局不定，谁也不敢放手作去。

同时所谓中央政府的缺点，许多因为它是中央，全国注目所在，一有错处，容易发现，关于中央的新闻比较多且占较要的位置，局面较大，因之应付较难。民众对于内战和内争的态度，如同对国际战争一样，总是表同情于小者弱者。实在中央政府大概说来要比地方政府高明，并且中央的缺点，既基于事实，不是换了当局者就能免除的。

第二，我们知识阶级的人应该努力作现代人，造现代人。现代人相信知识，计划，组织。现代人以公益为私益。现代人是动的，不是静的；是入世的，不是出世的。现代人的体格与精神是整个而不能分的。中国近几十年来，女子的近代化的进步较速于男子的近代化。男子，青年的男子，还有许多头不能抬，背不能直，手不能动，腿不能跑，从体格上说，他们不配称现代人。从知识上说，我们——男女都在内——还是偏靠书本，不靠实事实物。许多的时候，我们还不知道什么是知识，什么不是知识；关于什么问题，我们配发言论，关于什么事体，我们不配发言论。曾未学医的人，忽然大谈起药性来；曾未到过西北去的人，居然拟开发西北的具体计划；平素绝不注意国际关系的，大胆的要求政府宣战。一年级的学生也能够告诉校长大学应该怎样办，从未进过工厂的人大谈起劳资问题来，不知一六五〇年是在十七世纪的人硬要说历史是唯物的。现代人的知识或都不比中古的人多，但真正的现代人知道什么是他所知道而可发言的，什么是他不知道而不应该发言的。以上所举的例子足够表示我们离现代化的远，换句话说，我们这个阶级自身是极不健全的。分内的事没有作好，很难干涉分外的事。自身愈健全，然后可以博得他界的信仰。倘若近数十年中国教育界的人和新闻界的人有了上文所举的现代人特征，我们的政治也不得坏到这种田地了。

二十二年五月二十一日

（原载《独立评论》第五十一号）

六、漫谈知识分子的时代使命

实际政治大部分是利益集团的斗争，在马克思学说未风行以前，西洋的政论家，无论是左倾或右倾，都公开承认这一点。美国开国时期的领袖甚至故意设法使资产阶级能永久把握政权。许多马克思的理论，在马克思以前，就有人宣布过，而且有些是右倾分子宣布过的，马克思对于政治运动的特殊贡献是劳工阶级专政的学说。这种鼓励引起了不少的心理恐怖，于是有许多言论家讳言政治与经济的密切关系，好像政治，尤其是民主政治，是超阶级利益的。其实在民主之下，利益集团的斗争是日夜不停的。

在英美社会里，知识分子并不独自成立阶级。各种职业，连买卖业在内，都能吸收知识分子。靠知识吃饭的公教人员，因其所得待遇的优裕，实是中产阶级，其利害关系与一般工商界是打成一片的。英美教育的普及和文字的简明使知识分子与非知识分子之间不能有清白的界限。

学者和专家，在英美社会里，并没有政治的号召力。除非他们把学问掩饰起来，故意操老百姓的腔调，他们是不能得选民拥护的。英美政客的技术之一种在使老百姓把他们当作自己人看待。至于工商界的巨头，他们自以为经验丰富，遇事都有办法，更不要请教于“不切实际的书虫”。

在我们这里，无论是老百姓或是商界的人士，对于学者尚保存几分传统的尊重。究竟几十年以后，知识阶级的社会地位将演变到什么田地，此刻尚不能预料。我们的社会已开始变动。工商界已开始吸收知识分子，而出身知识界的商人与工业家有些不但自己丧失书生的面目，并且对于学者已带几分鄙视之意。在我们这里，如同在英美一样，久而久之，各种利益集团必会有组织的企图把握国家的大政，目前的一二十年或者是知识分子左右政治的最后的一个机会。谈政治，最忌凭空创设乌托邦或假定某一分的人天生圣贤。人情并无国别的或阶级的天生差异，我们为什么迷信知识分子在现阶段的中国能够而且应该负担特殊使命呢？

士大夫耻言利，这是我们的传统，历代的圣贤讲究立功、立德、立言，却没有半句话讲发财的。时至今日，这种传统尚有几分效力。一般知识分子并不梦想作煤油大王、钢铁大王，或任何其他金钱大王，他们祈求的是适当的工作机会。他们的生活目的是事业的成就，而不是金钱。当然他们希望生活安定，衣食有着落，子女能受较好的教育，工作的设备和环境要适当。这些物质欲望是自然的、合理的，而且所费是有限的。这种人生观是事业的人生观，不是金钱的人生观。这是从工作本身找乐趣，其出发点和原动力是工作欲，不是收获欲，是匠人心的发挥，不是商人心的表现。

中外古今的进步发源于匠人心者远过于发源于商人心者，这种匠心（Instrinct of Work-manship）是文化的源泉。文学美术的创造以及政治经济制度的创造只能靠匠心而不能靠金钱。杜工部和白乐天的心目中并没有稿费或版税，莎士比亚把戏剧作为他的玩意儿也就是他的性命，乐圣斐蒂欧文应内心的驱使而编乐谱，巴斯得的研究细菌，居里夫妇的研究镭质，都是匠心和工作欲的发挥，与金钱欲没有关系。孙中山的革命，罗斯福的新政是想治国平天下，不是想个人发财。

英国经济史家唐恩教授（R.H.Tawney）常说尚利的社会（Aaquisitive Society）是近代文化的产物。在中古，生产能力虽有限，生活状况虽很苦，个人发财既不是通行的人生观，也不是社会习惯及制度所许可的。自宗教革命以后，各种保障社会的传统逐渐废弃，而个人发财的自由及风气遂成为近代文明的特色。学者及一般人们甚至认定自由争利是一切进步的原动力，聪明才智之士也以聚财的多寡为一生成败的尺度。

循尚利的路线走到尽头以后，西洋的社会已经有人发现前面是死胡同。近二三十年来，不仅有些科学家和工程师觉得自由争利不能充作高尚文化的基本动力，就是企业界的巨头也有人觉悟。现在英美社会的聪明才智之士走事业的路线者逐渐加多，走金钱路线者日行减少。三年前我参观T.V.A的时候，发现其中有不少技术专家及管理员情愿接受较低的薪金而继续为佃列西河流域的开发努力，不愿改就私人公司的职务，纵使公司可以给他们数倍的金钱报酬。他们觉得工作的愉快及工作的社会意义是他们最大的收获，至于金钱，T.V.A虽不能使他们成为富翁，一切合理的欲望也都能满足。

在我们这里，如果知识分子能保存士大夫传统的气节，我们可能超度西洋近三百年的历史。孙中山之所以坚持民族、民权、民生三种革命要同时并进，就是缩短历史的过程。现在工程师在国内所干的事业都带几分缩短历史的性质。在制度及机械方面能作的事，我们在道德方面应该也能作。何况事业的人生观是中国书生的本来面目呢?

在长期抗战的阶段之中，知识分子，除少数市侩之外，大多数概普罗化了。他们对金钱实力的横暴及民众生活的困难均得了更深刻的认识。原来想洁身自好者，现在知道在这种社会之中自好无从谈好起。知识分子传统的人生观及传统的社会地位，加上最近十年的磨炼，使他们对新国家的建设能有很大的贡献。

中国知识分子大多数来自小资产阶级的家庭，富翁在我们这里本来是极少数的极少数，而富门子弟又多不愿出知识的代价。国人现在尚不了解我们知识分子求知的困难。一个中国人在国文上所费的时间要三倍于一个英国人或法国人费在英文或法文上的时间，然后能得同等的程度。因为新知识出版品的缺乏，我们不能不学一种外国文，而我们在英文或法文上所费的时间又要三倍于一个英国人在法文上或德文上所费的时间，使能得同等的程度。除非文字有很大的改革，知识分子必是人民中的极少数。他们虽不是劳动阶级的子弟，却知道稼穑的艰难。他们自己求知所受的痛苦就不亚于种地的乡下人。

这种知识分子踏出校门以后，百分之九十九并无家庭资本可以办工业。他们大多数还是作公务人员，投身事业界者仍是以参加国营事业者居多。换句话说，知识分子的出路在于作官，教育官、行政官、事业官。名义虽不同，靠公家薪津吃饭则是一致的。所以在中国知识分子与政治的关系是切身的。

事实虽是如此，知识分子却不肯充分承认。他们中间至今尚有人在做梦。一种梦是教育清高而作官不清高。另一种则以为唯独作官是光荣。其实教学可以清高，普通也是清高，但做官也可以清高，应该清高；作官可以得光荣，也可以不得光荣，并且教书、作工程师、行医、当律师，都是光荣的。

中国的官僚百分之九十来自知识界，但是知识分子最喜欢骂官僚。在朝的知识分子和在野的知识分子形成两个对垒。其实在朝的与在野的，无论在知识方面，或在道德方面，是不相上下的。据我的观察，官吏百分之九十想奉公守法、努力做事，百分之七十能与环境奋斗，只有百分之二十为环境所克服而做违心的事情。如果环境改善，中国的官吏在工作效率上及操守上，可以不落在任何别国官吏之下。社会感觉官吏的压迫，殊不知官吏深感社会的压迫。社会总是说政府的赏罚不公，其实社会的舆论对公务人员也是赏罚不公的。政府与社会就是难兄难弟，两者都是不够近代化。

沙学浚先生在本刊的第十六期提到开明分子组织政党的困难。他说：

> 在团体活动中，他们（开明分子）往往胸襟狭、气量小、有学问不一定有能力，尤其是领袖能力和组织能力；他们往往过于自信，过于自尊，因而漠视纪律、轻视旁人，这就成了既“不能令，又不受命”的人。

沙先生所指出的毛病当然是实在的，而且是可叹息的。这种毛病是各国文人最容易犯的。“文章都是自己的好”。不过学问与技术，虽没有明显的尺度，究竟比文章要客观一点。所以，现在知识阶级领袖的产生比以先实在容易多了，自然多了。

近来经济学者对世界经济前途大体上是抱乐观论的。他们觉得有了近代的科学，全世界的生产效能及生活水准均能大大的提高。他们并且相信一国的贫穷是其他各国的祸患，反过来说，一国的富庶直接间接能使其他国家受益。在经济上。这是一个整个共存共荣的世界。如果各国的外交政策全凭经济元素决定，国际的合作应能顺利的实现。

在一国之内，各种事业也是相互依赖的。我们如以事业的人生观为出发点，我们必感觉中国可应做的事太多了。我们彼此之间只可用加法乘法，绝无减法除法的必要。据我个人的经验，朋友们对我们用加法乘法者远多用减法除法者。士大夫的传统在这方面已起始改善。

沙先生所举的困难虽然是实在的，加速的近代化在这个历史过程中，毫无疑问的，知识分子应该居领导地位。

在政治上，中国正图从武力政治过渡到舆论政治，这种过渡亦应该由知识分子加以推动。

在经济上，中国的资源亟待开发，而开发的后果亟应设法使其能为全体人民所享受。这种使命尤其要知识分子负担。

（原载《世纪评论》第一卷第二十四期）

七、革命与专制

自闽变（注：即福建事变，指1933年11月20日，李济深、陈铭枢、蒋光鼐、蔡廷锴等人，在福建发动的反蒋事件。）的消息传出以后，全国人士都觉得国家的前途是漆黑的。中国现在似乎到了一种田地，不革命没有出路，革命也是没有出路。

你说不革命罢，这个政府确不满人意。要想使它满人意，单凭理论是不行的。倘若你手无枪杆，无论你怎么有理，政府——上自中央，下至县市——充其量，都是忌而不顾的。因为政府倘若要顾的话，不是政府里面的人的私立受损失，即使外面有枪杆的人的私利受损失。胡汉民先生近来说，政府这两年来没有作一件好事。这句话，一方面是过分，一方面是不足。过分，因为好事确作过，但不济于事，且所作的好事恐怕还抵不过所作的坏事。不足，因为不但这两年的政府是如此，近二十年的政府何尝又不是如此？其实，中国近二十年来没有一个差强人意的政府，也没有一个恶贯满盈的政府。极好极坏的政府都只在地方实现过。没在中央实现过。因为中央就是有意作好，它没有能力来全作好；中央就有意作恶，它也没有能力来作极恶。这二十年，从袁世凯到蒋介石，各种党派，各种人物，都当过政，大致都是如此的。照我个人看起来，就是北洋军阀如袁、段、吴、张，都是想作好的，但是无了不得的成绩可言。因为他们的力量都费在对付政敌上去了。在对付政敌的时候，他们就不得不牺牲建设来养军，不得不只顾成败，不择手段。问题不是人的问题。是环境的问题。在这个环境里，无论是谁都作不出大好事来。中国基本的形式是：政权不统一，政府不得好。

你说革命罢，我们的革命总是愈革愈不革。假若我们说，我们有个真实为人民谋利益，为国家求富强的革命党，它能济事么？在现今割据的环境之下，它能以全盘精力来改造社会么？它断然也是不能的。它的精力也会费在对付政敌上。

它也必须打仗、必须练军，必须筹饷。在它的统治之下，无论它怎样想为人民谋利益，人民的负担也是不能减轻的。且在这环境里，它也不能择手段，附和者只好联络或收容。久而久之，所谓革命军大半就不是革命军了，所谓革命党也不革命，只争地盘，抢官作了。等到事情过去以后，人民只出了代价，绝没有得着收获。

这代价之高，是我们不可思议的。我们中国近二十年为革命而牺牲的生命财产，人民为革命所受的痛苦，谁能统计呢？此外因内争而致各派竞相卖国更不堪设想。孙中山先生革命目的之纯洁大概是国人所共识的，但二次革命失败以后，他也不惜出重价以谋日人的协助。民国三年五月二十一日，他写给大隈伯的信有这样一段：

> 顾以革命军之力，而无援助，则其收功之迟速难易非可预期。……日本与中国地势接近，利害密切，求革命之助以日本为先者，势也。……日本既助中国，改良其政教，开发天然之富源，则两国上至政府，下至人民，相互亲善之关系，必非他国之所能同。可开发中国全国之市场，以惠日本之工商，日本不啻独占贸易上之利益。……中国恢复关税自主权，则当与日本关税同盟，日本制造品

销入中国者免税，中国原料输入日本者亦免税。

孙先生不但愿意出此大价，并且要大限伯知道他所出的价是比袁世凯所愿意出的还大。在这封书内，他继续又说：

现在之中国，以袁世凯当国，彼不审东亚之大势，佯与日本人周旋而阴事排斥，虽有均等之机会，日本亦不能与他人相驰逐。近如汉冶萍事件，招商局事件，延长煤油事件，或政府依违其间，而嗾使民间反对，或其权力已许日本，而翻授之他国。（参看王芸生辑《六十年中国与日本》六卷页三四至三五）

以孙中山的伟大人格尚且出此，其他革命家不屑说了。中国现在谈革命，就离不开内战。一加入战争，无论是对内或对外的战争，那就无暇择手段了。这也不是个人的问题，是个环境的问题。比较说来，已得权者给外人的利总是比未得权者要低些。此种心理，孙先生也说过：

就另一方面而言，则中国革命党事前无一强国以为助，其希望亦难达到。故现时革命党望助至切，而日本能助革命党，则大有利。所谓相需至殷，相成至大者此也。

革命党既然靠外援来夺取政权，执政者亦只能以同样手段对付。民国三年八月十三日袁政府的外交总长孙宝琦给驻日公使陆宗舆的电报有这一段："我政府正筹中日免除根本误会，以图经济联络之法。"后四天的电报又说："前小幡面告，日政府确有取缔乱党之意。望代达主座。日前又提议，中国如愿日本实行，可提出希望条件，惟须有交换利益，日本方可对付。"

这样的革命，多革一次，中国就多革去一块。久而久之，中国就会革完了。读者不要以为我故意张大其词，孙袁的竞争不过是个例子，假若不为篇幅所限，我可证明民国以来的外交，没有一次外交当局不受内战的掣肘，我更能证明没有一次内战没有被外人利用来作侵略的工具。九一八事变为什么在民国二十年的九一八发生呢？一则因为彼时远东无国际势力的均衡，二则因为日本人知道彼时中央为江西共党所累，为西南反蒋运动所制，绝无能力来抵抗。在中国近年的革命，虽其目的十分纯洁，其自然的影响是国权和国土的丧失。我没有革命的能力和革命的资格。在我们这个国家，革命是宗败家灭国的奢饰品。

这是就目的纯洁的革命说。但是谁能担保目的是纯洁呢，谁敢说中国今日能有一个"为人民谋利益，为国家求富强的革命党”呢？我们平日批评西洋的政治，说是资产阶级压迫劳工的政治。无论如何，西洋至少尚有为阶级谋利益的政治。我们连这个都没有，我们的政治都是为个人及其亲戚朋友谋利益的政治。所谓革命家十之八九不是失意的政客，就是无饭吃目不识丁的农民。这种人，如革命能改除一时的痛苦就革命，如作汉奸能解除目前的痛苦就作汉奸。拿这种材料来做建设理想社会的基础，那是不可能的。

从历史上看来，这种现象是极自然的，哪一国都不是例外。西洋英法俄诸革命先进国，原先都与中国一样，有内乱而无革命。如同英国，在十五世纪，所谓玫瑰战争，也是打来打去，绝无成绩的。在十五世纪末年，亨利七世统一了英国而起始所谓顿头朝代（Tundor Dynasty，注：又译为都铎王朝）百年的专制。在这百年内，英人得到休息生养，精神上及物质上成了一个民族国家（National State）。等到十七世纪，政治的冲突于是得形成实在的革命，史学家共认没有十六世纪顿头的专制就不能有十七世纪的革命。法国在十六世纪正处内乱时期，奇思（Guise）及布彭（Burbon，注：又译为波旁）两系的循环战争闹得民不聊生。彼时有识之士如Bodin及L.Hopital一流人物就大提倡息征主义，以息征为法国第一急务。在这种思想潮流之中，看透了内战的全无意义，及绝不能有意义，于是布彭的亨利四世收拾了时局，建设了二百年布彭专制的基础。经过路易十四光明专制之后，法国也成了一个民族国家。于是在十八世纪末年，政治一起冲突，法人就能真正革命。因为专制的布彭朝培养了法人的革命力量。换句话说，经过布彭朝的专制，革命不至引起割据，民族的意识太深了，不容割据发生，王权虽打倒了，社会上有现成的阶级能作新政权的中心；外国虽想趁机渔利，法人的物质及精神文化均足以抵御外辱。所以法国史家常说，布彭朝有功于法国十八世纪末年的革命。俄国亦复如此，在十六世纪末年及十七世纪初年，俄国也只能有内乱，不能有革命。经过罗马罗夫朝（注：又译为罗曼诺夫王朝）三百年的专制，然后列宁及杜落斯基（注：即托洛茨基）始能造成他的伟业。世人徒知列宁推倒了罗马罗夫朝代，忽略了这朝代给革命家留下了很可贵的产业。第一，俄国在这三百年内，从一个朝代国家（dynastic state）成长为一个民族国家，革命就不能有割据的流弊。第二，专制的罗马罗夫朝养成一个知识阶级能当新政权的中核。第三，专制时代提高了俄国的物质文明，使援助白党的外人无能为力。

中国现在的局面正像英国未经顿头专制，法国未经布彭专制，俄国未经罗马罗夫专制一起的形势一样。我们现在也只能有内乱，不能有真正的革命。我们虽然经过几千年的专制，不幸我们的专制君主，因为环境的特别，没有尽他们的历史职责。满清给民国的遗产是极坏的，不够作革命的资本的。第一，我们的国家仍旧是个朝代国家，一班人民的公忠是对个人或家庭或地方的，不是对国家的。第二，我们的专制君主并没有遗留可作新政权中心的阶级，其实中国专制政体的历史使命就是摧残皇室以外一切可作政权中心的阶级和制度，结果，皇室倒了，国家就成一盘散沙了。第三，在专制政体之下，我们的物质文明太落伍了，我们一起革命，外人就能渔利，我们简直无抵抗的能力。

总之，各国的政治史都分为两个阶段，第一是建国，第二步才是用国来谋幸福。我们第一步工作是还没有做，谈不到第二步。西人有个格言，说更好的往往是好的之敌人。中国现在的所谓革命就是建国的一个大障碍。现在在中国作国民，应该把内战用客观的态度，当作一种历史的过程看，如同医生研究生理一样。统一的势力是我们国体的生长力，我们应该培养；破坏统一的势力是我们国体的病菌，我们应该剪除。我们现在的问题是国家存在与不存在的问题，不是哪种国家的问题。

十二月三日

（原载《独立评论》第八十号）

国家新闻出版广电总局
首届向全国推荐中华优秀传统文化普及图书

‖大家小书书目

经典常谈	朱自清　著
语言与文化	罗常培　著
习坎庸言校正	罗　庸　著　杜志勇　校注
鸭池十讲（增订本）	罗　庸　著　杜志勇　编订
古代汉语常识	王　力　著
国学概论新编	谭正璧　编著
文言尺牍入门	谭正璧　著
日用交谊尺牍	谭正璧　著
敦煌学概论	姜亮夫　著
训诂简论	陆宗达　著
金石丛话	施蛰存　著
常识	周有光　著　叶　芳　编
文言津逮	张中行　著
中国字典史略	刘叶秋　著

古典目录学浅说	来新夏　著
闲谈写对联	白化文　著
怎样使用标点符号（增订本）	苏培成　著
诗境浅说	俞陛云　著
唐五代词境浅说	俞陛云　著
北宋词境浅说	俞陛云　著
南宋词境浅说	俞陛云　著
人间词话新注	王国维　著　滕咸惠　校注
苏辛词说	顾　随　著　陈　均　校
诗论	朱光潜　著
唐诗杂论	闻一多　著
诗词格律概要	王　力　著
唐宋词欣赏	夏承焘　著
槐屋古诗说	俞平伯　著
词学十讲	龙榆生　著
词曲概论	龙榆生　著
中国古典诗歌讲稿	浦江清　著 浦汉明　彭书麟　整理

唐人绝句启蒙	李霁野　著
唐宋词启蒙	李霁野　著
古典文学略述	王季思　著　王兆凯　编
古典戏曲略说	王季思　著　王兆凯　编
唐宋词概说	吴世昌　著
宋词赏析	沈祖棻　著
道教徒的诗人李白及其痛苦	李长之　著
闲坐说诗经	金性尧　著
陶渊明批评	萧望卿　著
舒芜说诗	舒　芜　著
名篇词例选说	叶嘉莹　著
唐诗纵横谈	周勋初　著
楚辞讲座	汤炳正　著 汤序波　汤文瑞　整理
好诗不厌百回读	袁行霈　著
山水有清音 ——古代山水田园诗鉴要	葛晓音　著

门外文谈	鲁　迅　著
我的杂学	周作人　著　张丽华　编
论雅俗共赏	朱自清　著
文学概论讲义	老　舍　著
中国文学史导论	罗　庸　著　杜志勇　辑校
给少男少女	李霁野　著
鲁迅批判	李长之　著
英美现代诗谈	王佐良　著　董伯韬　编
三国谈心录	金性尧　著
夜阑话韩柳	金性尧　著
英语学习	李赋宁　著
漫谈西方文学	李赋宁　著
历代笔记概述	刘叶秋　著
笔祸史谈丛	黄　裳　著
古典诗文述略	吴小如　著
有琴一张	资中筠　著
鲁迅作品细读	钱理群　著
唐宋八大家 ——古代散文的典范	葛晓音　选译

红楼梦考证	胡　适　著
《水浒传》与中国社会	萨孟武　著
《西游记》与中国古代政治	萨孟武　著
《红楼梦》与中国旧家庭	萨孟武　著
《金瓶梅》人物	孟　超　著　张光宇　绘
水泊梁山英雄谱	孟　超　著　张光宇　绘
《红楼梦》探源	吴世昌　著
《西游记》漫话	林　庚　著
细说红楼	周绍良　著
红楼小讲	周汝昌　著　周伦玲　整理
曹雪芹的故事	周汝昌　著　周伦玲　整理
古典小说漫稿	吴小如　著
三生石上旧精魂 ——中国古代小说与宗教	白化文　著
《金瓶梅》十二讲	宁宗一　著
古体小说论要	程毅中　著
近体小说论要	程毅中　著
文学的阅读	洪子诚　著
中国戏曲	么书仪　著

中国史学入门	顾颉刚　著　何启君　整理
秦汉的方士与儒生	顾颉刚　著
三国史话	吕思勉　著
史学要论	李大钊　著
中国近代史	蒋廷黻　著
民族与古代中国史	傅斯年　著
五谷史话	万国鼎　著　徐定懿　编
民族文话	郑振铎　著
史料与史学	翦伯赞　著
唐代社会概略	黄现璠　著
清史简述	郑天挺　著
两汉社会生活概述	谢国桢　著
中国文化与中国的兵	雷海宗　著
两宋史纲	张荫麟　著
明史简述	吴　晗　著
北宋政治改革家王安石	邓广铭　著
从紫禁城到故宫——营建、艺术、史事	单士元　著
史学遗产六讲	白寿彝　著

司马迁之人格与风格	李长之　著
司马迁	季镇淮　著
唐王朝的崛起与兴盛	汪　篯　著
二千年间	胡　绳　著
论三国人物	方诗铭　著
考古发现与中西文化交流	宿　白　著
中国古代国家的历史特征	张传玺　著
艺术、神话与祭祀	张光直　著 刘　静　乌鲁木加甫　译
中国古代衣食住行	许嘉璐　著
中国古代史学十讲	瞿林东　著
黄宾虹论画	黄宾虹　著
中国绘画史	陈师曾　著
和青年朋友谈书法	沈尹默　著
中国画法研究	吕凤子　著
桥梁史话	茅以升　著
中国戏剧史讲座	周贻白　著
俞平伯说昆曲	俞平伯　著　陈　均　编

新建筑与流派	童　寯　著	
论园	童　寯　著	
拙匠随笔	梁思成　著	林　洙　编
中国建筑艺术	梁思成　著	林　洙　编
沈从文讲文物	沈从文　著	王　风　编
中国画的艺术	徐悲鸿　著	马小起　编
中国绘画史纲	傅抱石　著	
中国舞蹈史话	常任侠　著	
海上丝路与文化交流	常任侠　著	
世界美术名作二十讲	傅　雷　著	
中国画论体系及其批评	李长之　著	
金石书画漫谈	启　功　著	赵仁珪　编
吞山怀谷——中国山水园林的艺术	汪菊渊　著	
中国古代音乐与舞蹈	阴法鲁　著	刘玉才　编
梓翁说园	陈从周　著	
旧戏新谈	黄　裳　著	
民间年画十五讲	王树村　著	姜彦文　编
民间美术与民俗	王树村　著	姜彦文　编

长城史话	罗哲文　著
中国古园林概说	罗哲文　著
现代建筑奠基人	罗小未　著
世界桥梁趣谈	唐寰澄　著
如何欣赏一座桥	唐寰澄　著
桥梁的故事	唐寰澄　著
园林的意境	周维权　著
万方安和 ——皇家园林的故事	周维权　著
现代建筑的故事	吴焕加　著
中国古代建筑概说	傅熹年　著

国学救亡讲演录	章太炎　著　蒙　木　编
简易哲学纲要	蔡元培　著
大学教育	蔡元培　著 北大元培学院　编
老子、孔子、墨子及其学派	梁启超　著
中国政治思想史	吕思勉　著
天道与人文	竺可桢　著　施爱东　编

春秋战国思想史话	嵇文甫　著	
晚明思想史论	嵇文甫　著	
新人生论	冯友兰　著	
中国哲学与未来世界哲学	冯友兰　著	
谈美书简	朱光潜　著	
中国古代心理学思想	潘　菽　著	
民俗与迷信	江绍原　著	陈泳超　整理
佛教基本知识	周叔迦　著	
儒学述要	罗　庸　著	杜志勇　整理
希腊漫话	罗念生　著	
佛教常识答问	赵朴初　著	
大一统与儒家思想	杨向奎　著	
孔子的故事	李长之　著	
西洋哲学史	李长之　著	
乡土中国	费孝通　著	
社会调查自白	费孝通　著	
经学常谈	屈守元　著	
墨子与墨家	任继愈　著	
汉化佛教与佛寺	白化文　著	
中西之交	陈乐民　著	

出版说明

“大家小书”多是一代大家的经典著作，在还属于手抄的著述年代里，每个字都是经过作者精琢细磨之后所拣选的。为尊重作者写作习惯和遣词风格、尊重语言文字自身发展流变的规律，为读者提供一个可靠的版本，“大家小书”对于已经经典化的作品不进行现代汉语的规范化处理。

提请读者特别注意。

北京出版社